GUANLIJIUSHI DINGZHIDU ZOULIUCHENG ZHUAZHIXING

管理就是
定制度 走流程 抓执行

制度要硬，流程要简，执行要力

秘祖利◎著

国家一级出版社　中国纺织出版社　全国百佳图书出版单位

内 容 提 要

为什么很多企业有很好的战略规划，到了一线执行时却会出问题？为什么员工执行力低下，工作拖拉？为什么总有下属在"坐、等、靠、要"，不能自动自发地完成工作？为什么老板总处于"急、忙、累"的糟糕状态？

很简单，要么公司制度不完善，要么工作流程不清晰，这就导致了执行结果差。要想执行出结果，必须定制度、走流程。一套科学规范的流程，可以帮助企业培养人、训练人、改造人，打造一支优秀的执行团队，彻底解放管理者！

本书是一本集理念、方法、工具于一体的管理学宝典，旨在帮助企业建立一套行之有效的流程系统，规范企业管理，提振企业经营力，提升全员执行力。本书不仅适合各级管理者阅读，也可用于各机关团体、企事业单位培训员工。

图书在版编目（CIP）数据

管理就是定制度，走流程，抓执行 / 秘祖利著.--
北京：中国纺织出版社，2018.2 （2024.2重印）
　　ISBN 978－7－5180－4288－3

　　Ⅰ.①管… Ⅱ.①秘… Ⅲ.①企业管理 Ⅳ.
①F272

中国版本图书馆CIP数据核字（2017）第272793号

策划编辑：于磊岚　　特约编辑：张彦彬　　责任印制：储志伟

中国纺织出版社出版发行
地址：北京市朝阳区百子湾东里 A407 号楼　邮政编码：100124
销售电话：010—67004422　传真：010—87155801
http://www.c-textilep.com
E-mail：faxing@c-textilep.com
中国纺织出版社天猫旗舰店
官方微博 http://weibo.com/2119887771
三河市延风印装有限公司印刷　各地新华书店经销
2018 年 2 月第 1 版　2024 年 2 月第 12 次印刷
开本：710×1000　1/16　印张：15
字数：186 千字　定价：42.80 元

常言道："没有规矩，不成方圆。"企业管理离不开规章制度，为什么这么说呢？因为如果没有规章制度，只靠"人治"，就如同走钢丝，非常危险。技巧没掌握好敢上吗？天气恶劣敢上吗？绝对不敢！

同样，在企业管理过程中，如果管理者的管理智慧不够，市场环境恶劣，那么，对企业来说就非常危险了。而制度对企业就如同一条保险绳，它既可以解放管理者，又可以解放全体员工，让大家有章可循，有标准可依，极大地提高工作效率。

18世纪末，英国人来到澳洲，并宣布澳洲为它的领地。当时澳洲人迹罕至，没有人愿意去开发这个辽阔的土地。英国政府就想了个办法：把本国的犯人统统发配到澳洲，让他们去开发澳洲。于是，很多私人船主就承包了运送犯人的业务。

最初，政府按上船人数来支付费用。船主为了牟取暴利，会尽可能多地装犯人，且降低船上犯人的生活标准。结果，很多犯人到达澳洲时，已经死了。这让英国政府损失惨重。

后来，英国政府换了一种支付费用的方式。不再按上船人数来支付费用，而是按到达澳洲的人数支付费用。结果，犯人死亡率大大降低。

犯人没变，船主没变，制度变了，所有的问题就都解决了。由此可见，所定制度是否科学、合理，直接关系到执行的效果。

好的制度能够规范人的行为，维护公司经营过程的正常秩序。好的制度能够体现出企业经营者、管理者的意志，反映企业的文化和价值观。好的制度既能够保障企业的利益，又能保障员工的利益。要想制定好的制度，须遵守以下若干原则：

适用性原则：从实际出发，根据企业的规模、行业类型、业务特点、技术特性等定制度；

科学性原则：从管理的客观规律出发，所定制度要确保符合管理学的一般原理和方法；

合理性原则：制度要合理，要体现出公平性、公正性、制约性、严肃性以及人性的需要；

完整性原则：一个企业的管理制度是一个完整的体系，制度内容要全面、系统、配套；

必要性原则：从需要出发，必要的制度一个都不能少，不必要的制度一个也不能要；

合法性原则：制度内容符合国家、政府相关的法律、法令、法规，绝不能与之相违背。

当然，制度再好，终归要贯彻落实才能发挥它的神奇功效。许多企业都有很好的制度，但由于未能落实到位，变成了一纸空文。那么，怎样才能确保制度完美落地呢？这是很多企业管理者所头疼的。其实，最好的办法就是制定流程，采取流程化管理，为制度落地保驾护航，为提升员工执行力添砖加瓦。

所谓流程化管理，指的是从公司战略、业务特点、盈利模式、满足客户需求等角度出发，进行流程的规划与建设，建立组织机构、明确管理责任，监控与评估运行绩效，并适时地对流程加以改进。流程化管理的目标是使企业适应外界经营环境、降低管理成本、提高执行效率、方便客户，最终提升企业的综合竞争力。

作为一种规范、系统的方法，流程化管理最简单、最通俗的解释就是，制定做事的先后顺序、明确各个环节的工作由哪个部门、哪个人来负责，大家权责明确、各司其职、相互协作，最终使企业实现高效率的运作。

企业实施了流程化管理之后，对于高层管理者来说，再也不用担心下属有令不行、执行不力；对于中层管理者来说，再也不用担心事事向上请示、同级部门互相推诿；对于基层普通员工来说，只需按制度流程做事，就能取得满意的结果。

先定制度，让大家有法可依、有章可循、有标准可遵守，使企业管理变得规范化；再走流程，让大家职能清晰、权责明确、各司其职、对流程负责，使制度的贯彻落实变得轻松简单，工作任务的执行变得程序化。最终，员工的付出会换来理想的结果，企业实现盈利目标将不再是梦。

这就是为什么海尔集团董事长张瑞敏不惜花巨资请麦肯锡团队为海尔设计流程（据说5000美元一个流程，麦肯锡为海尔再造了2000个流程），也是为什么麦当劳的员工从新入职到独立上岗仅需6个小时，因为定制度、走流程会得到好结果。

《管理就是定制度，走流程，抓执行》立足于制度化建设和流程化管理，通过二者的无缝对接，并与企业管理相融，最终为企业创造满意的发展结果。本书案例生动贴切、说理通俗易懂、方法科学实用，加上点睛之笔的配图和雁过留声的阅读思考，让全书兼具知识性、可读性、实用性，是一本适合各类企业、团体、组织管理者使用的工具书。

秘祖利

2017年9月

目录

第三章
规范流程，让执行有条不紊展开

第四章
优化流程，高效节能提升生产率

第七章
强化沟通，为执行开辟"快车道"

第八章
严格检查，催生员工强大执行力

第九章

多重激励，提高流程的运转效率

第十章

合理考核，管理要以结果论成败

第一章
制度无力，管理就是"纸上谈兵"

　　俗话说得好：没有规矩，不成方圆。小到家庭，大到国家，都需要一个制度来进行系统化的管理，企业当然也需要"规矩"，这个"规矩"就是企业制度。制度是管理的法宝，好的制度才能规范企业，才能为企业的发展提供内驱力。制度无力，管理就如同纸上谈兵。

1. 制度管人，基业长青

与自然生命的周期不同，人的生命不可能一直永存，但企业却可以。只不过，想成为一个长寿的企业是不容易的，它必须有强大的制度为管理做保障。看看世界上的长寿企业，无一不是拥有一套完善的企业制度，其管理都是在科学制度的规范之下。

有记载显示，世界上最长寿的公司是日本的一家建筑公司，成立于公元578年，至今已有1439岁了。它成立之初的业务是在大阪建筑神庙，而现在则经营民用建筑。另据法国的老企业俱乐部统计，世界上现存的第二古老的企业同样来自日本，是一家小旅馆。成立于公元718年，至今也有1299岁了，现由创始人的第46代孙打理。

欧洲最长寿的公司是法国的古拉尼公司，创建于公元1000年，至今已有1017岁。它曾经的主要业务是经营葡萄园，如今拥有博物馆和蝴蝶农场。而美国最长寿的公司建立于1623年，至今已有394岁。它经营的业务是制作和销售打击乐器，产品包括铙钹和鼓槌。

除此之外，世界上还有很多伟大的企业。下面，我们就通过一个表来简单了解一下这些赫赫有名的百年以上的长寿公司（表1）。

表1　世界上最长寿的公司

公司名称	所在国家	创建时间	寿命
四多公司	瑞典	1288年	729岁
北京同仁堂	中国	1669年	348岁
杜邦公司	美国	1802年	215岁
花旗银行	美国	1812年	205岁
宝洁公司	美国	1837年	180岁

续表

公司名称	所在国家	创建时间	寿命
西门子公司	德国	1853 年	164 岁
克瓦纳集团公司	挪威	1865 年	152 岁
柯达公司	美国	1880 年	137 岁
可口可乐	美国	1886 年	131 岁
强生公司	美国	1886 年	131 岁
通用电器公司	美国	1892 年	125 岁
3M 公司	美国	1902 年	115 岁
福特汽车	美国	1903 年	114 岁
通用汽车	美国	1908 年	109 岁
IBM 公司	美国	1911 年	106 岁

美国著名的智囊公司——兰德公司，花费 20 年的时间跟踪调研了世界 500 家大公司，发现百年不衰的长寿公司有一个共同的特征，就是重视制度建设，坚持用制度管理企业。他们共同的经营理念是，树立了超越利润的社会目标，不以利润为唯一追求。

一个企业取得暂时的、偶然的成功可以凭运气，但要获得持续成功、打造长青基业，则要靠健全的制度化管理，保障企业内部各个单元高效运转、紧密协作，促进企业有效管控风险，顺利实现企业目标。

老话说得好，"无规矩，不成方圆"。一个企业要想长治久安，要想让工作井然有序，就必须实施制度化的管理。制度是企业有机体的神经系统，是企业高效运行的保障。一个百年企业，一定是靠流程、靠制度，要靠系统来持续运转，只有依靠制度的力量，企业才能基业长青，才能做大、做强。为此，企业需要做好以下几点：

1. 告别集权式的"人治"模式

挪威的阿克集团是全球知名的跨国集团公司，拥有将近 4 万名员工，2009 年的营业额高达 610 亿克朗。如此强大的集团公司，也曾在早期发展时陷入管理混乱的困境中。当时的阿克集团是标准的"君主专制"型企业，这种管理模式带来了很多弊端。由于高层接班人的能力、管理风格不同，造成阿克集团动荡不安，使之遭遇了多次危机。

面对危机，阿克高层痛定思痛，最后开始重视制度化管理。将权力、执行力分配到各个机构和部门，并采取奖罚分明、科学合理的制度。如今的阿克为了进一步促进企业发展，防止管理失去弹性，面对竞争激烈的市场，决定采取更合理的分布体质，将权力进一步下放，这一举措更是让其如虎添翼，阿克因这样健康有序的制度再次获得了飞速的发展。

从世界一流企业阿克集团的发展中，我们可以看到科学合理的制度对企业发展具有的重大作用。可以说，制度是企业发展的内在动力。想让企业进入世界一流的行列，就必须注重制度发展。作为企业的创始人，也许你有超强的智慧与魄力，但这并不是你独裁专制的资本。因为并不是每个接班人都能像你那样有能力掌控一切，当最高管理者不能掌控一切时，唯有通过企业制度来掌控一切。这样才能保证企业平稳发展，促使企业基业长青。

2. 设计与企业发展战略匹配的制度

美国西凯勒电器在创立初期，其产品在家电市场中也是佼佼者，由于质量和口碑都比较好，所以产品十分热销。也正是因为这样，这家公司迅速地从一个小家电公司成为一家中型家电产业。但由于过渡时间太短，所以公司高层的管理者还是停留在过去的管理制度中，对公司大大小小事务都专制起来。名义上也有一些规章制度，但却没有实施。时间久了，员工不再有积极的工作热情，但是公司经理却还一味地沉浸在过去的专职管理中。最终，只能被淘汰在大趋势中。

企业战略决定制度体系，有什么样的战略，就要有相应的制度管理体系。而且，随着战略的调整，制度管理体系也要随之调整。企业战略可以由一个人或者几个人完成，而制度则要由一批具备创造力的复合型人才来建立。只有做好制度建设工作，企业才能走向成熟，才能实现可持续发展。

3. 狠抓制度落实，确保制度发挥应有功效

一套科学合理的制度，可以使企业纷繁复杂的事务处理变得简单，因为什么事情都有章可循，照章办事，简单高效。这样一来，企业就可以保持一种井然有序的运行状态。一套科学合理的制度，可以提高员工的工作效率，让员工们有更加充裕的时间发挥他们的创造力，为公司创造更多的价值。但

是，再好的制度若想发挥这些功效，前提都是被彻底地贯彻执行。因此，作为企业管理者，一定要狠抓制度落实。

阅读思考

（1）靠"人治"来管理企业，有哪些弊端？请结合企业现状来思考该问题。

（2）为什么有些企业有制度，还是不能持续发展？除了制度落实出了问题，还存在哪些原因？

2. 一流企业看制度，二流企业看老板

假设一架飞机不幸失事，上面载着甲和乙两位公司老板，两位老板都遇难了。事后，甲公司群龙无首，一片混乱；而乙公司则继续平稳发展，没受到太大的影响。

造成这种差异的原因是什么？

企业管理学界的专家给出的答案是：因为甲公司一直以来都是靠老板来管理公司的，老板不在了，公司原来的稳定局面就被打破了，很难有人像老板那样控制局面。而乙公司一直以来都实行制度化管理，虽然老板不在了，但公司的制度还在，大家按照制度来管理公司，公司自然平稳发展。

这不禁让人想到一句西方谚语："总统是靠不住的。"对于一家企业来说，其实老板也是靠不住的，靠得住的只有制度。一家企业没有规范长远的制度，或许短时间也能繁荣发展，但绝对不可能稳如磐石、长盛不衰。因此，聪明的企业管理者，一定要制定科学规范的管理制度，为企业长远发展保驾护航。

日本东芝公司几乎家喻户晓。也许你手上正在使用的电脑或者手机就来自这家公司。是什么让这个老品牌，在经历了数次战争和世界格局变化之后还能屹立不衰呢？答案是东芝公司重视制度化管理。

1875 年，年过七旬的田中久重在东京新桥创办了一家电信设备厂，这就是东芝公司的前身。田中久重去世后，接手东芝的后来人十分重视制度建设。东芝的管理者开创了企业权力分工执行管理的模式。最高的决定权还是在高层手中，但是东芝企业高层管理者却不再事事亲为，而是让执行部门去执行一些决策。

与此同时，他们还将员工的一些工作进行了合理的安排，包括员工的奖罚制度、请假制度、创新制度等。由于东芝长期坚持这种管理模式，并不断改进完善，让制度更加合理和人性化。基于此，东芝才有了现在的强大和稳固。

现实中，不少公司要么没有完善的规章制度，要么有了制度却不遵照执

行。更多的时候，他们还是靠"人治"、靠"人情"来管理公司，这种管理最大的缺陷就是会造成企业的运营模式的不可复制性，一旦企业老板出了问题，企业就很容易偏离正轨。而且，如果企业仅仅是老板一个人的企业，这个企业的格局从一开始就很小，想要做大是不可能的，想要做长久就更难了。

美国杜邦公司成立于1802年，发展至今已有200多年的历史，是世界500强企业中寿命最长的企业之一。在杜邦公司的发展早期，公司的管理制度明显带有个人英雄主义色彩，公司的所有大小事务都由创始人亨利·杜邦一人说了算。这种管理模式一直持续了39年，并且取得了很好的效果。但是，当亨利卸任之后，杜邦公司由于缺少优秀的制度，马上陷入混乱之中。由于继承人管理经验不足，公司效益迅速衰退，险些就倒闭了。

面对这样的危机，杜邦公司废除了单人决策的管理模式，制定了集团式的管理模式。杜邦家族成员不再事必躬亲，而是让执行委员会用制度去管理公司。由此一来，便大大提高了管理效率，促进了公司的发展。在杜邦公司后来的发展过程中，公司不断结合客观环境的变化和企业发展的需要，适时调整和完善公司制度，从而使得杜邦公司获得持久发展。

一家企业创立初期，也许能够凭借创始人的智慧和魄力强势崛起。但是企业的长期发展，离不开制度的支持。从最初的个人英雄主义，到后来的用制度管理公司，都充分说明了一流的企业看制度。

1. 结合实际制定制度，并严格执行制度

在制定制度时，一定要结合企业实际，多花些时间思考。一旦制度定下来，就要严格执行。这一点在日本松下电器公司就做得很好。松下幸之助在制定完制度后，就要求员工严格按照制度标准去执行。他不仅这样要求员工，对自己也是如此。

20世纪40年代，松下公司面临着极大的困境。为了渡过难关，松下幸之助制定了"全体员工振作精神，不迟到，不请假"的制度。有一天，松下幸之助的司机没有按照规定时间来接他上班，等了好长一段时间，车就是不来，无奈之下，他只好搭乘电车上班。可是，赶到公司后，松下幸之助还是迟到了10分钟。

后来经过调查，他发现是司机的主管督促不力，司机因此睡过了头。松下幸之助认为必须严厉处理此事，首先以不忠于职守为由，给司机以减薪的处分，其直接、间接主管也因监督不力而受到处分。最后，松下对自己实施了最重的处罚，扣发了自己当月的薪金。

在制度面前人人平等，无论是领导还是员工，无论是得力干将还是你所厌烦的下属，无论是"情有可原"还是"明知故犯"，管理者都要一视同仁，不能随意改变制度标准。

2. 在遵守制度的基础上进行人性化管理

"法"与"情"的关系，一直很难处理。在管理者的日常工作中，一定不能走极端，而应该在遵循规章制度的前提下，依赖自身的人格魅力，进行适度的人性化管理。在这方面，通用电气公司的董事长兼 CEO 雷杰·琼斯做得就很适度。

雷杰·琼斯曾在通用电气公司的一个下属企业担当主管时，他无意间发现一个员工因为精神不集中而导致生产的许多零件都不合格。而这位员工向来表现很好，一直是企业的骨干。经过调查，雷杰·琼斯发现，原来是他的妻子出了车祸，他下班回家后既要照顾妻子，还要照顾孩子，他为此疲惫不堪，才导致工作经常出差错。

按常理说，雷杰·琼斯应该对他表示作为领导者的关怀，但是，琼斯并没有这样做，而是按照公司规定解雇了这个员工。同时，琼斯通过个人关系为他介绍了一份新的工作，地点离他的家比较近，工作时间也比较灵活，可以方便他照顾家人。

琼斯这么做，不仅很好地维护了公司的制度，同时又让员工觉得他是真心关心他们的生活。从那以后，员工工作的时候也都更加努力了。

阅读思考：

（1）一流企业看制度，二流企业看老板，对于这个观点，你是怎么理解的？难道制度比人更可靠吗？

（2）用制度管理企业，与人性化管理矛盾吗？你认为二者之间有冲突吗？为什么？

3. 制度面前，谁都没有特权

　　IBM 创始人老汤姆·沃森在谈到企业管理时曾表示，企业管理者往往会犯一种严重的错误，那就是对自己和对员工采取双重标准。当自己或公司管理人员违反了公司制度时，他们在处理的时候往往比较宽容。而普通员工违反制度时，则会严厉处理。这种做法造成了很坏的影响。老汤姆·沃森建议，应毫不留情地把这类采取双重标准的管理人员开除。

　　显然，老沃森的观点是在强调"制度面前，谁都没有特权"这一理念。的确，在公司里，条令条令，条条是令。管理者务必放低姿态，放弃特权思想，才能营造出平等的氛围，才能让员工感受到被尊重。

　　联想集团总裁柳传志曾说："企业做什么事，就怕含含糊糊，制度定了却不严格执行，最害人。"他认为，企业制定了制度、立下了规矩就要执行，管理者要和员工一样遵守制度，违反了制度就应受到处罚，绝对不能搞"特殊化"。

　　在联想，开会的时候总有人迟到，这严重影响了会议的进展。为此，联想出台了一项制度：谁迟到了谁就要罚站，罚站一定要站 1 分钟。当迟到者罚站时，会议会停下来，大家看着迟到者罚站，像默哀似的，这让迟到者很难受。

　　联想刚制定这项制度时，第一个迟到的人就是柳传志的老领导——原计算机科技处的老处长，结果被罚站了。柳传志回忆起这件事时，说道："我跟他说：老吴，晚上我到你们家去，给你站 1 分钟。但是今天，你必须罚站 1 分钟。当时真的很尴尬，但我还是硬做了下来。他罚站时站了一身汗，我坐在一边也是一身汗。"

　　后来，联想的创始人之一张祖祥也因开会迟到而被罚站。张祖祥是联想最早的副总经理、副总裁，虽然位高权重，但是违反了公司的制度规定，就要接受罚站。

就连柳传志开会迟到了，也要被罚站。柳传志就曾迟到过三次，也被罚站过三次。他说："我被罚三次其实也不算多，因为我开会最多。有一次，我被困在电梯里，电梯坏了，我不停地敲电梯门，想叫人帮我去请假，最后没人应答。在这种情况下，我也要罚站。"

领导罚站，这在中国企业简直闻所未闻。但柳传志用实际行动告诉我们：领导违反制度，也要罚站。因为制度面前，哪怕你是公司老板，也没有任何特权。正因为坚决贯彻"制度面前，人人平等"的执行力，联想很好地消除了开会迟到现象，维护了制度的权威性。

对于任何一家企业来说，要想维护制度的权威性，强化制度的执行力，管理者就必须做好三方面的工作：

1. 严于律己，做遵守制度的表率

中国有句话说："善为人者能自为，善治人者能自治。"要想企业在激烈的市场竞争中获得发展，管理者必须要严于律己，做遵守制度的表率，这是推进制度落实的关键。

一天，IBM 的创始人沃森陪同客户前去厂房参观，走到厂房门口时，被警卫拦住了。警卫对沃森一行人说："对不起先生，您不能进去，我们 IBM 的厂区识别牌是浅蓝色的，行政大楼工作人员的识别牌是粉红色的，你们佩戴的识别牌是不能进入厂区的。"

沃森的助理彼特见状，大声对警卫说："这是我们的大老板，在陪重要的客人参观。"警卫可不认识老板，他说："这是公司的规定，必须按规定办事！"

警卫的做法赢得了沃森的认可，他对彼特说："他讲得对，快把识别牌换一下。"很快，一行人更换了识别牌，这样才被允许进入厂区。

面对警卫的阻拦，沃森没用特权思想压人，而是自觉地遵守公司制度，这种视制度为最高纲领的做法，极好地树立了制度的威信。管理者放下架子，以一颗平常心看待自己，才能从内心深处接受制度的约束。

总结下来，管理者在这方面需要做到两点：

（1）主动提醒自己，要求自己遵守制度，有意识地去遵守公司制度，给

员工做好表率，用自身行动影响员工遵守制度。

（2）若不慎违反了公司的制度，应放下管理者的面子，坦然接受相应的处罚。千万不要认为承认错误、接受处罚有损个人形象。殊不知，这恰恰是维护个人形象的有效举措。

2. 严于律人，做维护制度的法官

在企业里，管理者总会对某些员工比较欣赏，对某些员工印象比较好，而对另外一些员工印象就差一些。这就为"讲人情"留下了机会。如果管理者推崇"人治"，而不是"制度管理"，往往就会在几名员工犯了同样的错误后，有差别地处罚他们。这势必会造成不公平，引起下属不满。

当员工违反制度时，管理者最明智的做法是扮演法官角色，公平公正地按照制度规定来处理。比如，找员工谈话，说明员工行为的不当之处，指出其与制度发生冲突的地方。这相当于给员工打了预防针，在处罚员工之前，给员工提个醒，让其有个心理准备。然后，按照制度规定严肃处理，该批评则批评，该教育则教育，该处罚就处罚。做到对事不对人，这样自然能维护制度的威信，提高制度执行力。

3. 文化建设，打造平等的企业文化

闻名全球的苹果公司之所以具备超强的竞争实力，与其制度面前人人平等的企业文化是分不开的。在苹果公司，没有特别的经理餐厅、经理娱乐场所、经理单独卫生间、停车场等。就连经理迟到了，也要受到处罚。

汉克斯是苹果公司一位销售经理的儿子，他认为凭借父亲的权力，他完全可以在苹果公司得到一份不错的工作，而不用从基层干起。但他却没有料到，父亲一开始就将他安排到了苹果销售部门接受培训，进入基层工作。培训结束之后，汉克斯又被分配到了纽约地区负责销售业务。父亲告诉汉克斯："这是公司的制度规定的，任何人都没有特权，即便是乔布斯，也要遵守。你作为苹果的一员，首先就应该明白这一点。"

从苹果公司销售经理的行为，我们可以看出企业平等文化的影响力。文化的影响力根植于人心，无形之中影响人的思想和行为。有了平等文化的积极导向，企业全体员工就很容易做到自觉遵守制度了。

阅读思考：

（1）老板是企业的主人，制度是给员工制定的，老板可以凌驾于制度之上，你认为这种观点对吗？请说出你的理由！

（2）这是一个关系社会，如果你在某公司身居要职，而有亲戚朋友请你帮忙给他孩子找一份工作，你会怎么回应呢？

4. 你不讲制度，员工就会和你讲条件

中国很多企业，尤其是中小企业，在管理中不重视制度，而是靠"人治"来管理公司。当下属违反公司规定时，不是按制度处理，而是按自己的心情、喜好来处理。这不仅会严重损害制度的威信，还会严重降低你的个人威信，进而会纵容下属，制造不公平。员工见你不讲制度，那么下一次他就可能跟你讲条件。哪怕他违反了制度，你按制度的规定处罚他，他也会极为不满。

有位企业界的朋友，有一次，他公司的销售主管拿着假票据来财务主管那里报销，被财务主管发现了，于是财务主管把这件事告诉了他，他找销售主管谈话，提醒他不要干这种损公肥私的事情，再有下次就严厉地罚他，扣他工资。没想到却引发了销售主管的不满，销售主管对他说："这种事情又不光我一个人干，别人这么干你怎么不处罚，我这么干你就说要严厉地处罚我，你对我有成见是吗？"

朋友见下属如此理直气壮，自然按捺不住，说道："公司明文规定不准用假票据报销，你这么做还有理了是吗？你违反了公司规定，就要被处罚，你还有什么好反驳的？"

销售主管说："我知道自己违反了公司的规定，按照规定是要被处罚的，这我没有任何意见，我不满的是，上个月胡主管也这么干了，为什么你没有处罚他？难道他是你家亲戚？"

这番话说得朋友很难堪，赶忙解释："胡主管是初犯，我念他一直对工作兢兢业业，就口头警告过他，但是下不为例，所以才没处罚他。"

销售主管更不服气了，说："你的意思是，每个初犯都可以被原谅是吗？"

就这样，一场争论闹得彼此都不愉快，而且问题没有得到解决。

中国人很讲究人情，大家同在一公司，抬头不见、低头见，因此面对下属违规的行为，上司总不愿意撕破脸去处罚。可事实上，这种不讲制度的行为，往往会导致下属跟你讲条件。一旦下属跟你讲条件，作为上司的威信、制度的威严就不复存在了，再想让下属心服口服地接受领导，就很难了。所以，聪明的管理应该讲制度，用制度管人，公平对待每一位员工，对事不对人地处理问题，才能真正服众。

1. 没有制度的公司，一定要赶快建立和完善制度

"没有规矩，不成方圆。"完善的制度是企业有序、健康发展的保障。在制度的规范下，员工各司其职，团结协作，避免了相互扯皮现象，有利于提高工作效率，提高企业的经营效益。在这方面，《红楼梦》中的王熙凤就让我们见识到了制度对管理的重要性。

《红楼梦》中有这样一个故事：宁国府贾蓉的媳妇秦可卿死后，宁国府内举办丧事，每天前来吊唁的人很多，里里外外的事情都要处理，非常烦琐，贾蓉的父亲贾珍就把荣国府的王熙凤找来帮忙主持丧事。

王熙凤来到宁国府之后，第一件事就是建立管理制度。她合理地安排了每个人的工作，让大家各司其职。谁去执行，谁去监督，分工十分明确。干得好会怎样，干得不好会怎样，制度上都写得清清楚楚。

之后，王熙凤还建立了考察制度和物品管理制度，规定：什么时候点名，什么时候吃早饭，什么时候领物品，什么时候请示。由于各方面的制度比较完善，很好地避免了办丧事过程中可能出现的忙乱、推诿、偷懒等现象。

依靠人治来管理企业，所产生的效果是有限的，所产生的弊端却很多。而采用制度管理企业，则可以发挥充分营造公平感，调动团队的战斗力，使大家在各司其职和相互协作之下，让企业良性地发展。所以，轻视制度、没有制度的企业，赶紧制定完善合理又科学的制度吧！

2. 有完善制度的公司，一定要让制度落实到位

有制度不执行，等于没制度。只有确保制度落实到位，才能维护制度的威严，提升制度的影响力。

康佳公司有一条规定：在工作场合不准吸烟。康佳公司有个20多岁的

员工，兼具学历和技术，能力出众，深受领导器重。他也凭借突出的业绩表现，快速晋升为一个车间的副主任。但是该员工烟瘾极重，公司明文规定不准在工作场合吸烟，他只好每天早上、中午上班前猛吸几口，然后强忍烟瘾之苦到下班。

一次偶然的机会，这位员工发现楼梯的拐角处比较隐蔽，而且他个人觉得这个地方不算工作场合。于是，他便在工作闲暇时到这个地方吸烟。有一次，他被公司的副总经理发现了。很快，人力资源部就发出了三条处罚通告：第一，免去车间副主任的职务；第二，罚款；第三，全厂通报批评。

这件事轰动了整个车间，不少员工认为公司的管理方式太过强硬，惩罚力度太大。但这件事之后，再也没有员工敢在公司的工作场合吸烟了。

类似的事情如果发生在别的企业，结果可能大不一样。老板可能会说"下不为例，再让我发现你在工作场合抽烟，我绝不轻饶"。殊不知，下不为例往往是"再犯"的代名词，有了第一次，往往就会有第二次、第三次。身为企业管理者，一定要认识到：在制度合理的前提下，如果你法外开恩，就是在践踏制度，纵容员工，这会让制度成为一纸空文。同时，还会使原本有序的工作变得混乱无序，最终影响公司的发展。

康佳的例子让我们明白：别看是小事，只要员工违反了制度，就绝不讲情面。这是规矩，规矩不能被破坏；这是原则，原则不能轻易改。这看似无情的处罚背后，实则是对员工的大爱。因为这样可以规范员工，规范企业，提升企业的竞争实力。

阅读思考：

（1）人情化管理为什么在中国企业里流行？你认为它有哪些优点，又有哪些不足？

（2）企业有了管理制度，就能保证员工不和你讲条件吗？如果不能，又该怎样做？

5. 不要让员工怕你，要让员工怕制度

在很多企业中，员工对老板、对领导都有一种莫名的惧怕感。为什么害怕呢？很简单，因为老板和高层领导手握"生杀大权"，可以凭一己之力决定员工在企业的职业前途。与此同时，很多老板和高层领导将员工对自己的害怕视为个人权威感的体现，并以此为傲。殊不知，员工怕老板、怕领导，并不是什么值得高兴的事情。相反，还会对企业、对员工带来诸多不利。

首先，如果员工总是害怕老板，公司就会弥漫着冷酷无情的文化氛围，会给员工带来很大的心理压力。在这种情况下，员工会设法与老板保持距离，有问题不敢积极反馈，有想法不愿意积极沟通，久而久之，员工与老板之间就会出现沟通问题、出现情感鸿沟。

其次，员工怕老板，会导致这样一种现象：老板在公司的时候，员工就很乖，工作也很认真。做做样子以迎合老板，讨老板的欢心，甚至还会说些恭维的话、虚情假意地夸老板。不知不觉间，老板就会如温水煮青蛙般，慢慢习惯别人拍马屁。这必然会削弱制度的威信，影响制度的落实。

作为公司的老板、管理者，千万别让员工怕自己，而要致力于建立起制度化管理体系，让员工敬畏规则，害怕制度。要让制度大于老板、大于总经理，制度才会越来越硬；反之，如果制度小于老板、小于总经理，制度就会越来越软。

万科集团曾发生过这样一件事：一家分公司的总经理越权开除了一名员工，这名员工不服气，把这件事反映到公司总部。公司总部了解事情原委之后，明确认定分公司的总经理违反了公司制度，于是，立即对其进行了严厉的处罚，并将这件事在整个集团进行通报，以提醒大家引以为戒。

万科总裁王石对这件事还发表了看法："如果分公司的总经理把自己的权威凌驾于制度之上，那么公司就会出现诸侯，这样会导致员工惧怕总经理

的权威，而不是惧怕制度。"

身为企业管理者，要想让员工不怕你而是怕制度，你需要做到以下两点：

1. 放低姿态，打造个人亲和力，与员工打成一片

当年，海尔电器公司兼并淮源电视制造厂时，新厂长尤建平在上任当天就发现了一个问题：这个厂的管理者都不在工人食堂吃饭，而是到工厂对面那个不大的餐馆就餐。这与海尔的情况截然不同。在海尔，管理者和员工是没有区别的，大家都要去食堂排队打饭。

在上任当天，尤建平就带头到职工食堂吃饭，其他管理者也只好跟着去。但他们集中坐在两张桌子上，从此这两张桌子成了他们的专用桌，与广大职工划开了界限。而尤建平与那些管理者不同，他每次都会在不同的桌子上吃饭，一边吃，一边与工人们聊天。这样既可以了解员工的想法，又可以亲近员工，尤建平因此赢得了员工的好感和支持。

看看，尤建平就是一位善于打造个人亲和力的管理者，他不以高层领导而自傲，不高高在上，而是有意识地与员工打成一片。这一点值得每一位管理者学习。

在企业里，管理者与员工并没有什么高低贵贱之分，大家只不过是岗位、职务不同。在工作上，既是领导与被领导的关系，又是相互协作的关系。因此，彼此之间的感情建立和关系维护十分重要。通过积极地互动，管理者可以充分了解员工的想法，及时发现公司内部的问题，便于更好地消除隐患、解决困难，从而更好地管理企业。

具体来说，管理者可以通过以下方式与员工打成一片：

（1）对员工多一份关爱。比如，工作之余，对员工多一些嘘寒问暖，节假日时给员工一份真诚的祝福。

（2）和员工一起吃工作餐。工作时不宜谈的事，吃饭时可以尽情地谈。每天中午和不同的员工一起共餐，大家互相认识，消除陌生感。

（3）和员工多一些亲密放松的活动。比如，工作中偶尔组织一些小活动，或带员工出去玩玩，搞些娱乐活动。

2. 坚决维护制度威严，谁不遵守公司制度，就让谁付出代价

继续上面尤建平的案例：

一天，吃午饭的时候，一个工人走到尤建平身边，弯下腰悄悄地说了一句话，尤建平马上放下碗跑出食堂，工人们都跟了过去。只见一辆车厢上盖着大篷布的大货车正要驶离院内，尤建平急忙把那辆大货车拦住了，然后他走到车后面，把篷布掀起来，发现车厢里装满了塑胶板。

经过一番追问，货车司机交代了实情：原来是某副厂长叫他拉的。接着，尤建平把这个副厂长喊出来，问清了事情原委。原来这个副厂长以清理废物为名，将厂里一些新的塑胶板运出去倒卖。当时在场的工人对此议论纷纷，大为不满。

过了几天，尤建平在食堂的院子里，向大家宣布海尔总部的处理决定：撤销×××副厂长的职务。并且郑重向员工宣布厂里的制度：对于倒卖工厂物资并从中收取回扣的员工，一经查明，立即辞退。自此，厂里再也没有类似的事情发生，生产效益得以大大提高。

你可以和员工打成一片，但当有人违反制度时，你必须站出来，要让违反者付出相应的代价。这样才能"杀一儆百"，维护制度的威严，让大家怕制度。

西方管理学上有个著名的"热炉法则"，它指的是当有人违反规章制度时，就像触碰了一个烧红的火炉，一定要让他被"烫"。热炉法则有四个惩罚原则（图1）：

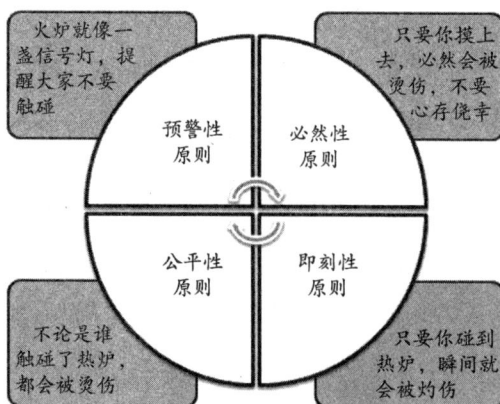

图1 热炉法则的四个惩罚原则

　　当大家敬畏"热炉"时，不仅可以相安无事，还可以借炉取暖。如果有人触碰热炉，对不起，轻则会被烫一下，重则会被灼伤。企业制度就应该具备这种效果，而要想让制度具备这种效果，管理者就必须做制度执行的表率和公正维护者——公事公办，对事不对人，谁违反制度规定，就按制度规定处理谁。

阅读思考：

　　（1）与员工混在一起，嘻嘻哈哈，有损管理者的威严，会降低管理者的影响力。对于这个观点，你是怎么看待的？

　　（2）谁违反制度规定，就按制度规定处理谁，这是否会影响管理者在员工心中的形象？为避免给员工留下冷酷无情的形象，你认为管理者在处理员工时，还需做点什么？

6. 讲结果不讲如果，制度执行没借口

中国不少企业管理者爱讲人情，尤其是在员工违反制度时，他们总是磨不开面子去处罚员工。有些管理者甚至会主动给员工找借口，比如对员工说："没有功劳，也有苦劳！""虽然你违反了制度规定，但你的想法是好的，只是结果不如人意，没事，下次注意就行！""如果不是出了意外，你的做法还是很成功的！"从表面上看，这是人性化管理的一种表现。但实际上，这种法外开恩的做法会给企业制度化管理埋下隐患。

看看那些破产、倒闭的企业，它们破产、倒闭的原因在哪儿呢？也许你会说，是管理者的决策失误导致的；也许你会说，是公司产品没有竞争力导致的。我不排除这些原因，但很多企业在管理者决策没有失误、产品有竞争力的情况下，依然会出现种种经营问题，这又是什么原因导致的呢？其实，根源问题在于制度化管理没有得到切实有效的执行。

几年前，东北有一家工厂倒闭了，之后一家日本公司收购了它。收购之后，日本总部派来几位高管，依然按照原来的企业规章制度来管理，结果不到一年，这个工厂就起死回生了。这究竟是怎么回事呢？原来，日本总部派来的高管上任之后，没有进行任何改革，只是强化了制度的执行。

这个小案例充分说明，能否让企业制度贯彻落实到位，直接关系到企业经营的成败。管理界有一句名言："一流的制度和三流的执行，不如三流的制度和一流的执行。"强调的就是执行的重要性，再好的制度只有付诸实施和执行，才能发挥其应有的作用。

索尼公司的创始人盛田昭夫曾在英国开设了一家工厂，并设立了一系列人性化的制度。这些制度虽然让英国工人感受到了索尼公司的开明和民主，但是也造就了英国工人的过分放松和张扬。

盛田昭夫发现，在英国的索尼公司生产进度明显缓慢，而且，生产车

间里毫无纪律性。很多车间工人都不按照流水线的正常工序工作，他们会采取一些跳跃式方式来工作。这一切让盛田昭夫着实苦恼。于是，他立即召集了英国索尼公司的相关负责人，以及车间的工人代表召开了会议。在会议上提出了新的规章制度，明确制定了严厉的惩罚条例，并且设立了质量检查制度。对流水线的生产质量进行检查，一旦出现违规者，将严惩不贷。

后来，在这项制度的实施下，英国索尼公司的工人们纷纷严格按照规章制度去工作。经过一段时间，英国索尼公司生产进度也逐渐赶了上来。这为索尼公司在欧洲开辟新市场提供了重要的条件。

世界上每天都会有企业走向破产，而破产往往是从 1% 的错误开始，最终导致了 100% 的失败。很多时候，这 1% 的错误就是有章不遵。一旦员工不把制度当回事，不遵守制度，他们的行为就很容易与企业的期望相悖，他们的工作效率、工作质量，公司的管理秩序都会因此受到影响。所以说，落实企业制度，是确保企业执行力、产品质量、管理效率的重要保证。

那么，怎样保证规章制度不打折扣地贯彻落实呢？

1. 制度如山，要求员工严格执行

管理者一定要像军官将领一样执行制度，做到令出如山。无论是谁，无论员工找什么借口，说什么理由，有什么困难，都不能轻易改变已经制定的制度。管理者可以给员工提出建议，为员工执行提供条件，但绝不能允许员工拖泥带水，拖延执行。如果员工执行不力，该挥泪斩"马谡"就要当即立斩。这样才能保证执行的效果，也才能树立老板的威信和影响力。

2. 重视监督，密切关注落实情况

面临着激烈的市场竞争，管理者凡事都要有严格的标准和要求。可是，仅有标准和要求的制度还不够，企业必须设立相关的监督部门，密切关注落实情况。对于没有将制度落实到位的人，应按制度规定去处理。这样，员工才能不打折扣，百分之百地去执行制度。

在麦当劳，公司的高标准、严要求体现在：土豆条不能炸煳了；牛肉饼变质或不够分量不能卖；店堂里，桌椅要保持清洁、音乐要优美、板凳要舒适等。麦当劳还有一个 "QSCV 战略"，即营养、美味 (Quality)、周到的服务 (Service)、整洁的环境 (Cleanness)、合理的价格 (Value)。如果员工没做好这四

点，导致产品不合格，一经发现，分店经理将会受到严厉的处罚，甚至面临被开除的风险。这使得各个分店经理不得不认真督促大家去执行制度。

3. 狠抓落实制度，还需重视教育员工

在督促员工落实制度时，对于违反制度的员工，管理者还有必要对其晓之以理、动之以情地说服教育。这样，即使员工受罚了，也会心服口服，才会理解公司对他的处罚只是对事不对人，也才能让员工对制度产生敬意，对管理者产生敬意。

孔子有个弟子叫高柴，字子羔，在担任卫国执政大臣时，曾严惩了一名犯人，对其处以削足之刑，刑后犯人成为一名守城的役工。后来卫国君臣作乱，子羔被官兵追杀，逃到城门口时，遇到了那个受过刑的役工。没想到此人一点儿都不记恨子羔，而是千方百计地想办法帮助他逃跑。

子羔在离开之前，问那个人：“我当初对你处以重刑，现在我落难了，正是你报仇的机会，你为什么还要帮我呢？”

那人说：“我受刑是罪有应得，怨不得你，你审理我的时候，反复研究法令，想着怎样帮我减轻责罚，而且审理完毕，你连续几天闷闷不乐，这难道不是对我的偏爱吗？你对我有仁爱之心，所以我才愿意帮你逃跑。”

对于这件事，孔子是这样评价的：“会当官的树德，不会做官的树怨。”身为企业管理者，应该像子羔一样清醒地认识自己的管理角色，要想让员工真正信服，在按制度规定处罚员工时，一定不要忘记要对员工晓之以理、动之以情地说服教育，对其表达仁爱之心，表达人性化的关怀，让员工知道你是对事不对人的，这样才不至于让员工因处罚而对你、对公司心生恨意。

阅读思考：

（1）当员工违反制度时，你是否有过为员工找理由开脱责任的经历？回忆一下，当时你是怎么考虑的？

（2）坚决维护制度威信，严肃处理违反制度的人并非管理的真正目的，试问：制度化管理的真正目的是什么？

第二章
制度设计，好制度就要简单实用

要想制度发挥作用，前提是企业必须设计出科学合理的制度体系。这要求在制定制度的时候，要充分地调查研究，集思广益，广泛了解大家的看法，由此设计出适合企业现状、顺应民心诉求的简单实用的制度。这样的制度才能被充分贯彻实施，才能对企业的发展产生积极的作用。

1. 充分调研，拟定制度草案

在制定企业制度时，很多管理者会想当然地认为应该制定怎样的制度，而不考虑企业实际情况和个性化需要，结果制度出来了，看似很完美，但贯彻落实后，却发现与预期的效果相去甚远。

美国曼哈顿有一家服装设计公司，由于该公司主要设计一些高级女装和礼服等，所以公司老板安娜制定了这样一个制度：员工每天早上来到公司，要拿出一个小时来阅读关于时尚资讯的报纸和杂志。只有完成这项工作之后，才能开始其他的工作。在这段时间内，如果员工没有按制度要求的去做，那么将会被公司处分。

老板出台这样的制度有她的考虑。因为时装设计公司需要适时了解一些大牌时装的走秀、时尚发布等信息。身为设计者，只有充分了解时尚动态，才能为服装设计找到灵感来源，从而设计出更有创意的服装款式。

但该条规定在实施了一段时间后，员工就开始产生不满情绪。原因很简单，员工认为这种制度太过绝对，而且有些强制性。许多人习惯在网络上了解信息，而还有人需要通过音乐、运动、外出等方式来激发创作灵感。每天早上花一个小时的时间看杂志，不但浪费时间，而且还耽误重要工作。

后来，安娜了解到这项制度实行起来有些困难，于是干脆设立了一个监督小组来监督员工们看杂志的情况。而华尔街有关评估专家认为，这家公司如果还继续这样，只会本末倒置，离时尚界越来越远。

为什么华尔街的评估专家认为，该服装设计公司如果继续坚持这样的制度，只会让它离时尚界越来越远呢？因为未经实际调研就想当然出台的制度，往往与实际情况不符，不能解决实际问题。这就像战国时期的赵括，尽管文韬武略，读书万册，但是却不懂得结合实际情况制定战术。到头来，不过是纸上谈兵，根本不可能打胜仗。

这也提醒所有企业管理者，企业要想制定一套科学规范的制度，就必须了解企业的实际情况，明确需要解决哪些难题。这就要求管理者在制定制度之前，要进行充分的调查和研究，再根据调研的情况出台制度草案。具体来说，要注意这样几点：

1. 带着问题去调查，从问题的根源出发，制定相应的制度

一些企业管理者为了能够制定一个适合企业发展的制度，而制定出了较大的制度管理政策。企业管理者以为，这样就能够做到无漏网之鱼，任何问题也就都能解决了。但是恰恰就是这样的大制度导致了企业无的放矢。这样很容易造成大炮打蚊子，不但打不到，而且还费力不讨好。

诺基亚公司在刚开始制造手机的时候，并没有想到在管理中会遇到那么多细节问题。当时诺基亚销售部门经理斯坦·史密斯曾经认为制定一种广泛的大制度，就可以让员工遵守。但在实施了一段时间之后，他却发现自己错了。因为在工作中，员工们频频出现一些制度中不曾出现的细节问题，而且这些问题都十分普遍。所以，斯坦决定要深入考察，以便制定出更加确切的制度。

一个企业在管理过程中，难免会出现各种各样的问题，因此在制定管理制度的时候，身为管理者，应该亲自走到问题的深处进行研究和探讨。比如在制定制度的时候，要着重注意考虑以下几个问题：制度规定的是什么？针对什么问题？能够达到什么效果？相应的处罚又是什么？了解了这些问题之后，管理者再去制定制度，就不会出现大炮打蚊子、费力不讨好的结果了。

2. 制度草案不能太空泛，必须要有具体的实行方案

企业管理者在实际调研之后，在出台制度草案时往往有个误区：我出台的是制度草案，所以随便制定一下，把大概的要点体现出来就行。这样一来，就会导致制度草案泛泛而谈，让大家不明白，或不知道具体的实施步骤是什么，不知道具体如何执行。

有一家公司，老板制定了这样一个制度：如果在工作期间需要外出，包括出差等，直接向人事部经理提出报告。而且各项费用也都由人事经理向财务支出，没有得到人事经理的允许，不得擅自在外工作。这样一来，这家公司的很多员工为了能够在外工作得到更好的条件和福利，纷纷与人事经理搞

好关系，最终公司因为对外支出的经费较多，而导致多次资金周转不灵。

制度既然制定了，就必须要有它的效果和具体方案，这是管理者应该懂得的一个制度制定的基本流程。这需要管理者不能泛泛而谈，要深入详细调查员工的工作情况，只有这样才能制定出具有可行方案的制度。比如，管理者允许员工可以在家工作，但是一定要制订一个详细可行的实施方案。比如：在家工作3天以上，需要经过组长或者主管同意；在家工作6天以上，需要经过部门经理允许，这样的制度就显得十分可行而合理。

阅读思考：

（1）在调研中，除了结合企业实际问题，还需注意什么？是否应该要结合企业的管理目标和需求及战略定位来出台制度草案？

（2）为什么要带着问题去调研？如果不带着问题去调研，调研结果可能出现什么情况？

2. 集思广益，定制度要让员工参与进来

很多企业老板和公司高层管理者认为，他们才是整个公司的绝对掌控者，公司的制度理当由他们来制定。这种想法当然没错，但在制定公司制度时，如果仅由几位公司高层来负责，公司其他人员概不参与，那出台的制度势必只是从企业管理层的角度出发，并不能考虑到普通员工的需要，这样制定出的制度往往是公司管理层的一厢情愿。

为什么说是一厢情愿呢？因为员工没有参与进来，没有参与往往带来的是缺乏认同，缺乏认同带来的是执行不到位。这其中的缘由是很容易理解的（图2）：

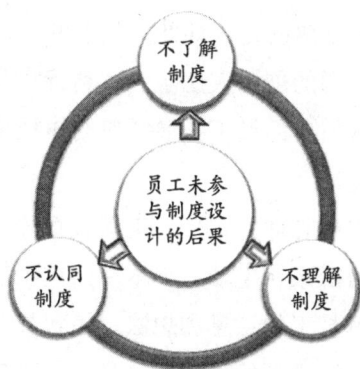

图2　员工未参与制度设计的后果

（1）员工不了解制度。员工不了解制度，是因为他们是被约束的人。试想，几个管理者悄悄地把制度定好了，然后进行宣传、培训、教育，如果这些工作做得到位，员工还是能了解制度的。如果这些工作没做好，员工就很难了解这些制度的具体细节。在这种情况下，员工不可能把制度落实到位。

27

（2）员工不理解制度。所谓的不理解制度，是指员工不清楚为什么要制定这样的制度，即制定该制度的目的是什么？为了解决什么问题？在这种情况下，员工往往会认为制度是一把枷锁，他们怎么可能快乐地去执行呢？

（3）员工不认同制度。员工由于没有参与制度的制定，有想法没有机会提出来，有需求管理者也不清楚，所以他们会觉得没有得到应有的尊重，就不太容易对制度产生认同感。就算他们能了解制度制定的目的，也可能觉得不应该这样制定制度，认为有更好的制度方案。在这种情况下，员工很难做到与公司配合执行制度。

鉴于以上三点可以发现，让员工参与到制度的制定中来很重要。这不仅是制度宣传的一种有效途径，也是制度亲民、赢得理解和认同的一种有效方式。员工参与了制度的制定，对相关制度有较深入的了解，可以更加清楚公司的意图，在执行的时候就更容易把握公司的本意，避免执行走样。这就是为什么美国著名的企业家阿什会提出"参与定律"，他认为参与是支持的前提，每个人都会支持自己参与的事情。

惠普公司是位居世界五百强企业前列的大型科技公司，其在全球的员工数量多达8万多人。让人钦佩的是，如此大规模的公司，在定制度时特别鼓励员工参与进来。惠普公司的创始人比尔·休利特在开创惠普公司时，就制定了这样一个规定：重视所有的员工。最经典的体现是，惠普管理者十分重视员工提出的意见和建议。

惠普有一种不拘常规的管理方式——走动式管理。公司各个部门的经理经常在自己的部门中与员工亲切走动，与本部门员工打成一片。通过这种积极走动，管理者广泛了解员工的意见和想法，了解员工在工作中遇到的一些问题。而员工也可以了解管理者的想法，让员工与管理者之间形成一种亲密联系。

良好的意见交流为制度的执行打下了良好的基础。管理者根据收集上来的意见，再结合公司的具体情况，来制定符合员工预期、能够满足员工需求的制度。这样的制度出台后，很容易赢得大家的认同，并被大家自觉地、快乐地贯彻执行。

从惠普公司制定制度的方法我们可以看出，管理者积极走动，深入了解员工的意见和想法，对定制度有十分重要的促进作用。通过这种方式出台的制度，往往最符合实际情况，符合广大员工的心理需求，才能够解决企业发展中遇到的难题。

制度的制定不应该由几个管理者闭门造车，而应该充分调动大家参与，通过集思广益的方式，吸纳积极有效的建议。那么，究竟该如何才能做到真正的集思广益呢？除了惠普公司推崇的走动式管理，我们还可以通过以下几种方法来集思广益定制度（图3）：

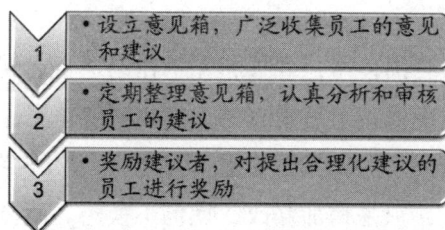

图3　让员工参与制度设计的三种办法

1. 设立意见箱，广泛收集员工的意见和建议

日本丰田汽车公司为了了解员工的看法，调动员工参与管理的积极性，在总厂和分厂设立了130多个绿色意见箱，还准备了提意见的专用纸。每个月，丰田管理者都会打开箱子一到三次。

丰田实行这种做法后，仅1980年一年，员工就提了859000条建议，比前一年增长了50%，建议采纳率高达93%，由此奖励给员工的奖金为9亿日元。据统计，丰田公司在实行员工参与制度的35年中，共收到442万条建议。丰田员工数为45000人，平均每人提了近百条建议。

意见箱是公司为员工提供的沟通平台，是联系上下级之间的沟通桥梁。通过意见箱来收集员工的意见和建议，能够有效地激发大家提意见的积极性。意见箱的好处是，可以最大限度地隐藏提意见者的身份，从而避免员工因害怕周围人的眼光而拒绝提意见。

2. 定期整理意见箱，认真分析和审核员工的建议

很多企业都有意见箱，但真正把员工意见和建议当回事的却并不多。比如，员工把意见和建议投入了意见箱，管理者却没有认真思考和分析意见箱中的意见和建议，迟迟不给员工任何反馈。久而久之，员工就失去了提意见和建议的积极性。

还有一些企业，把意见箱视为一种形式化的东西。在提出管理制度草案之后，表面上鼓励员工对制度草案发表意见，但实际上却只是走个形式，满足一下员工被尊重的心理需求。员工的意见和建议，根本不会影响到制度的制定。

北京有一家家居装饰公司，老板赵先生在制定企业制度时，为了彰显民主性，便先在公司内部网站上贴出自己拟定的制度草案，然后征求各大设计师和员工的意见。当大家的意见纷纷提上去之后，最终赵先生颁布的还是最初他自己制定的制度，只是稍加修改，换汤不换药。而员工提出的关于假期制度、奖金制度、提成制度等没有一样体现出来了。

管理者在拟定出管理制度草案之后，其重点在于让大家都参与。在参与讨论的基础上，针对那些不切实际的地方进行修改。管理者要做到认真听从员工意见，集思广益。通过集体商议，最终得出一致决定。

无论是制度草案出台后征集员工对草案的看法和建议，还是定制度之前广泛征集员工的意见和建议，或是平日里收集员工的意见和建议，管理者都应该真正把集思广益落实到位，切不可只流于形式。明智的做法是定期整理意见箱，删选、分析、审核员工的意见和建议，采纳有价值的意见和建议，并给提议者一些反馈，无论其意见和建议是否被采纳。

3. 奖励建议者，对提出合理化建议的员工进行奖励

鼓励员工积极提意见和建议，对于被采纳的意见和建议，公司应该给员工一定的奖励，这样才能激发员工，使员工保持献计献策的积极性。以丰田公司为例，只要员工的建议被管理部门采纳了，该员工就会得到相应的奖励。就算建议没有被采用，公司也会给员工 500 日元作为精神奖励。如今，丰田设立了合理化建议奖，奖金数额高达 20 万日元。

阅读思考：

（1）让员工参与到制度制定中来到底有什么样的意义？请结合全文和你的理解，总结出来！

（2）为什么要给提建议者积极的反馈，怎样反馈才不会打击员工的积极性？

3. 简明扼要，制度设置要抓住重点

一家公司的管理制度是否明确具体，直接体现出管理者的水平问题。只有将制度内容设定得明确又具体，才能不让人产生误解。所以，管理者一定要先让自己弄明白一个问题：制度是对员工形成规范作用的，只有明确具体的制度，才能让员工按照一定的标准去做事情。

现实中，不少企业的制度文本中，有一些让人觉得很"有趣"。这种"有趣"可以用几个字来形容："长篇大论"、"废话连篇"、"空而无物"、"隔靴搔痒"。具备这几个特点的制度，看起来很丰满，实际上很骨感。丰满的是外表，那叫臃肿；骨感的是内在，那叫没内涵。当企业把制度变成这样的文件时，只能说管理者把制度搞得太复杂了，搞得太虚了。

管理一家公司，离不开一套科学合理的制度，怎样的制度才称得上科学合理呢？我认为它至少应该具备以下几个特点（图4）：

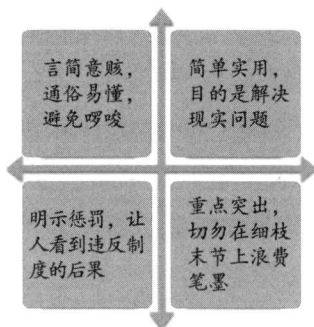

言简意赅，通俗易懂，避免啰唆	简单实用，目的是解决现实问题
明示惩罚，让人看到违反制度的后果	重点突出，切勿在细枝末节上浪费笔墨

图4　科学合理的制度应具备的四个特点

1.言简意赅，通俗易懂，避免啰唆

出台一项制度，是为了让大家遵守，如果表述太啰唆，就会削弱制度

的通俗性，影响大家理解和执行。比如，制度开篇就要讲明出台该制度的目的，往往一两句话就可以表达清楚，根本不需要废话连篇。例如，"为了……目的，特制定本制度"，或者"根据……要求，特制定本规定"。

再比如，有家鞭炮制造厂的《安全守则》中，有这样一条款："公司厂区内不得燃放可燃性或容易导致燃烧的物品。"这句话就不够简明，不易被人理解，如果换成"厂区内，严禁烟火"是不是简洁、通俗得多呢？

管理者在出台制度时，一定要认识到：制度是针对全体人员的，要考虑到大家的理解能力，越通俗易懂越容易被大家记住，也越容易被遵守，切不可玩"文字游戏"。

2. 简单实用，目的是解决现实问题

公司出现了什么问题，就要针对这些问题出台相应的制度，以便解决问题，这就叫实用性。比如，公司的生产事故频繁，针对这个问题，出台一项安全责任和事故防范制度。再比如，公司的产品质量问题层出不穷，针对产品质量问题出台一项制度，是迫切需要。

有些企业出台的制度实用性不强，甚至是照搬照抄别人的企业制度，这就不太合适了。因为别人的制度不一定适合自己的企业，更何况是照搬照抄的呢？文学大师郭沫若曾经说过这样一句话："吃狗肉是为了长人肉，而不是为了长狗肉。"此话拿到制度管理中来讲，是很有讽刺意味的。

有些企业生搬硬套引进所谓的先进管理制度，结果导致水土不服，不但解决不了企业的现实问题，反而衍生出一大堆问题。其实，制度没有最好的，适合本企业的才是最好的，适不适合，关键看能不能解决现实问题，也就是要考虑其实用性。

3. 重点突出，切勿在细枝末节上浪费笔墨

有些制度条文中，列举了很多无关紧要或关系不大的内容，这会严重削弱制度的威慑力。比如，有一项制度是针对员工上班网聊问题的，但在制度条文中，大量篇幅用于讲述上班网聊的不良影响，这根本就没必要。其实，制度中只需要讲明上班期间不准网聊以及网聊将会受到什么处罚即可。

4. 明示惩罚，让人看到违反制度的后果

有些企业的制度内容中，没有对违反制度的行为提出相应的惩处措施。

比如，我们经常看到草坪上有"请勿践踏草坪"的标语，但在标语旁边，经常能看到清晰的被人走过的小道。标语本身就相当于一个制度，是禁止人们这样做的。但是为什么人们还会明知故犯呢？因为没有约束，没有惩处——踩踏草坪谁来追究？会受到怎样的惩处？这些都没有，在这种情况下，制度就不可能得到很好的落实。

因此，管理者一定要问自己一个问题：制度是用来干什么的？制度是规范人们的行为的，让人们按照一定的标准去行事。如果他没做到，要承担什么责任？是扣奖金、扣工资、降级，还是直接走人？当然，这只是一个比方，但无论怎么处罚，都应该有明确的条文。

阅读思考：

（1）为什么制度要抓重点？抓不住重点的制度会产生哪些负面影响？

（2）为什么制度要求"实用"，你所在的公司是否存在"不实用"的制度？

4. 顺应民心，制定制度要注重人性化

有一个笑话：一个穿着时髦的女士在市中心随地吐了一口痰，旁边的环境工作者立马递上一张罚单，罚款 20 元。女士二话没说，从包里掏出一张百元大钞。工作人员在包里找了找，发现找不开，于是说："不好意思，找不开，要不你再吐四口？"结果，女士真的又吐了四口，并很不屑地看了工作人员一眼。然后，大摇大摆地走了。工作人员在后面还说了声"谢谢"。

这个笑话到底有几分真实，我们没必要去追究，但其中反映出来的问题，却值得每一位管理者深思。在企业管理中，当员工违反制度规定时，也有被处以罚款的情况。比如，迟到一次，扣多少钱；工作中犯了什么错，罚多少钱。

结果，员工被罚款之后，基本上没有内疚感，更不会对考勤制度产生敬畏，反而觉得公司太没人情味了。员工还会这样想：反正都迟到了，索性晚点去公司。也就是说，罚款成了员工为自己违反制度规定买单，买单了也就心安理得了的一种自我解脱。

很多企业的制度框框特别多，看上去都很合理、很规范，但实际上这些制度形同虚设。原因何在呢？或许是因为不够人性化，没能让员工感受到尊重，无法让员工从心底里认同、自觉地内化执行。还有一种可能是，制度虽然很严厉，但执行的时候却讲"人情"。比如，员工违反了制度规定，却不按制度规定去处理，而是法外开恩，下不为例。这样一来，员工自然不会把制度当回事了。

聪明的做法是，制度设计要人性化，然后严格地执行。管理者要认识到，制度的执行关键要靠员工自觉，这要求企业在制度设计时反复考量制度的人性化，设身处地为员工着想。只有这样设计出来的制度，才能最大限度地赢得员工的认同，得到员工的支持，员工才会自觉地贯彻执行。

创建于 1996 年的宁波方太厨具有限公司（以下简称"方太"），曾经用列举的方法将违反制度的员工分为 ABC 三类。A 类是最严重的，可能会被开除；B 类的属于中档，是要受到处分的；C 类是比较轻的，比如，迟到早退、乱扔垃圾、衣着不规范、上班聊闲天等。

对于 C 类违规行为，方太原来的处理方法是每次罚款 20 元不等。罚款的方式很直接，也是很多企业通常采用的处理方法。但是后来方太审视了这个制度，觉得它并不人性化，不利于纠正员工的不良行为，引导员工变得更加优秀。

于是，方太把对 C 类错误的罚款取消了，改为"直接主管领导找违反错误的员工谈一次话"。谈话内容很简单，比如，领导问员工"为什么迟到了呀？""是不是家里有事？""是不是路上遇到了麻烦？"这就很好地体现出了对员工的关心。

一开始，有些管理者担心用谈话的方式"处理"C 类错误的员工，会助长员工比以前犯更多的错误。事实证明，这种担心是多余的。该项制度实施的初期，C 类犯错的次数确实增加了，但一段时间后，这类犯错的次数逐渐下降。而且后来连续三年，C 类犯错的数量每年都下降了一半。

制度的设置到底是为了什么？有些管理者并未搞清楚这个问题，导致他们把制度的设置当作约束员工、处罚员工，甚至是借罚款来解管理者心头之恨的手段。在这种观念的主导下，企业设计的制度往往会忽视员工的需求，对员工缺乏人性关怀，导致员工对公司制度产生抵触心理。

事实上，制度的本质应该是在约束员工的同时，兼顾员工的心理需求，并设法让员工变得更好的一种管理工具。作为管理者，在设计制度时，一定要了解员工的需求，顺应民心，注重制度的人性化。这样的制度才能得到认同和支持，并被彻底地贯彻落实，发挥正能量。

1. 设计制度时要了解员工的需求，兼顾企业与员工双方的利益

设计一套科学合理的制度不容易，而制度出台后，想让员工接受，就更不容易。通常来说，让规章制度执行和落地有两种方法：

一是管理者通过强势地位或者手中掌握的权力迫使员工接受制度，执行制度，否则，就会受到处罚。这叫"外强迫"，这种方法短期内见效快。但是，如果管理者不能做到常抓不懈，就很容易反弹。

二是将"外强迫"转化为"内强迫"，使员工自觉地形成执行制度的习惯，这自然是最好的，是每个管理者都希望看到的，只是想要达到这种效果非常难。

那么，有没有第三种促使制度完美落地的方法呢？答案是肯定的，那就是在设计制度时多了解员工的需求，兼顾企业与员工双方的利益，使员工接受制度，并自觉地遵守制度。

有一家企业的生产部有段时间非常忙，于是聘请了一批兼职工人装配产品。简单的培训之后，这批兼职工人便上岗作业。由于工作流程相当简单，从理论上来说出错率应该会很低。可半个月下来，质检部门检测的结果却表明这批兼职工人组装的产品质量出错率较高。进一步研究后发现，次品集中出现在下午 4 ~ 5 点。于是，总经理找这些工人谈话，了解情况。

原来这批工人基本都是家庭主妇，家里都有上学的小孩，而下午 4 ~ 5 点是孩子放学的时间，她们很想知道孩子的情况，有没有人接？吃的东西在冰箱，孩子回家饿了是否找得到食物？

找到这个原因后，公司修改了一下上班制度：允许兼职工人每天下午 4 ~ 5 点给家人打电话。但前提是，他们在其他工作时间必须保证产品的质量。结果，生产部的产品质量很快就提升上去了。

在这个案例中，企业在了解员工的需求后，出台了兼顾企业与员工利益的制度，很好地赢得了员工对这项制度的认同和支持。所以，员工能够很好地执行该项制度，确保了产品的质量。

2. 主动为员工着想，通过制度设计向员工传达人性关怀

在成功的管理法则中，有一条最伟大的定律——多站在员工的立场上思考问题，懂得为员工着想。很多优秀企业制度能够对员工表达关怀，想下属之所想，急下属之所急，以至于员工对制度充满了认同和信服。这样的制度在员工心目中最有影响力，它能使公司上下一心、团结一致，成为一个相处和睦、高效工作的团队。

比如，有些企业在冬季来临时，适时调整上班时间，将上班时间推迟半小时或下午下班时间提早半小时。有些公司对于迟到的员工不作任何处

罚，只是要求员工迟到多长时间，就晚下班多长时间，以弥补迟到耽误的工作。这些制度规定并非应员工要求而设置，而是企业管理者主动为员工着想而设计出来的，这样更能体现企业对员工的人性化关怀，对制度的落地十分有益。

阅读思考：

（1）制定严格的制度在执行时却讲人情与制定人性化的制度但却严格执行，这两种做法你认为哪一种值得推崇？理由是什么？

（2）为什么人性化的制度那么重要？它真的能让员工的执行力变得更好吗？

5. 遵守法律，别让制度"撞车"法律

很多企业在设计制度时，不把国家法律放在眼里，完全按照自己的主观意志来制定公司制度。他们这一做法的潜台词就是："我的地盘我做主，我是公司管理者，我想怎么定制度就怎么定。如果你不服，可以走。"

在员工与企业的博弈中，作为弱势的一方，员工很多时候只能选择忍受企业定下的缺乏人性、不合法律的制度。这样企业就钻了法律的空子，损害了员工的利益。

刘建是一家私营企业的人力资源主管，他工作认真负责，深得领导和下属的好评。可是最近，他感到非常苦恼，因为有几位新入职的员工找他咨询公司的社保、带薪休假、加班工资的计算等问题。刘建在整理人力资源制度之后，发现公司的一些规定和国家法律有冲突。比如，社保缴纳的基数明显低于国家的规定，偶尔加班也没有加班费，没有带薪休假的福利等等。

刘建把这些情况汇报给老板，老板却一直没有答复。刘建又追问了几次，老板才很不耐烦地说："公司能做到这样，已经很不错了，与同行的一些公司相比，我们公司给员工的福利已经算可以的了。与法律冲突又有什么关系，大家想在这里干就不会计较这些。如果不想在这里干，就算我完善这些福利也留不住人。这件事以后你就别再跟我说了！"

俗话说："人在屋檐下，不得不低头。"员工为企业打工，自然会对一些不合法的制度忍气吞声，即使有怨言，也不会表达出来。可如果有一天，员工与企业发生利益冲突，甚至闹到法庭时，企业恐怕就要以败诉收场，以赔偿员工利益损失而告终。

2012 年 3 月，深圳某知名服饰公司市场部经理王先生因工作失职被公司解聘。9 天之后，他把公司告上劳动仲裁委员会，要求公司支付其在公司工作期间未休的年休补偿金，共计 2 万元。

在仲裁过程中，王先生坚持认为公司必须按照规定支付他年休补偿金。王先生的理由是：从 2005 年和公司签订劳动合同起，王先生在公司的近 4 年时间内，每年 15 天年假，当年没修完累积到下一年，直到他离职的时候一共累积了 50 天。按照规定，公司应该给他补发 50 天的年休补偿金。

但是，据公司老板所述，公司 2008 年出台了《企业职工带薪年休假制度条例》，规定年假没修完的不能累积到第二年。而且公司还有这样的规定：一旦员工因工作失职被解雇，就不能享受相应的福利待遇。老板认为公司的规章制度是公司的"根本大法"，其效力应高于劳动合同。所以，他拒绝补发王先生 50 天的年休补偿金。

尽管老板列举了很多证据，证明公司制定的制度确实是得到了员工的支持，但是，劳动仲裁委员会最终还是同意并支持了王先生的请求。

制度必须合法，这是制度存在的基本条件之一。《最高人民法院关于审理劳动争议案件适用法律若干问题的解释》第 19 条规定："用人单位根据《劳动法》第 4 条之规定，通过民主程序制定的规章制度，不违反国家法律、行政法规及政策规定，并已向劳动者公示的，可以作为人民法院审理劳动争议案件的依据。"

如今，随着法律知识的普及，很多企业员工都有比较强的法律意识，对于企业用人制度、福利制度、聘用和解聘制度等等，都比较了解。如果企业目中无法，制定的制度不合法，员工的合法权益得不到尊重，将会大大打击他们的工作积极性。这对企业留人也是极为不利的。所以，违背法律去制定公司制度是不明智的。

那么，合法的公司规章制度必须具备哪些要素呢？

1. 公司规章制度是通过民主程序制定出来的

《中华人民共和国公司法》第 18 条第二款规定："公司依照宪法和有关法律的规定，通过职工代表大会或者其他形式，实行民主管理。"第三款规定："公司研究决定改制以及经营方面的重大问题、制定重要的规章制度时，应当听取公司工会的意见，并通过职工代表大会或者其他形式听取职工的意见和建议。"这就是公司制度出台的民主程序，即要广泛征询员工意见，让大家参与到制度的制定中来。

对于企业来说，让员工参与到企业规章制度的制定中来，并不只是为了符合法律的规定，更重要的是，通过这种举措可以激发员工的参与意识，让员工感受到被企业尊重，从而强化员工的主人翁意识，这对员工是一种精神激励。

2. 公司的规章制度不得违反国家现行的法律、行政法规及政策性规定

《最高人民法院关于审理劳动争议案件适用法律若干问题的解释（二）》第16条规定："用人单位制定的内部规章制度与集体合同或者劳动合同约定的内容不一致，劳动者请求优先适用合同约定的，人民法院应当予以支持。"

3. 公司的规章制度必须向劳动者公示

所谓公示，就是在制度制定完毕之后，要广泛告知员工，让大家知晓制度的具体内容。这样大家才知道公司的期望，才知道什么该做，什么不该做。否则，员工违反了制度自己却浑然不知，等待被公司处罚时才知道，这对员工来说显然是不公平的。

以上三个要素，是合法的公司制度从指定到推行不可或缺的，企业管理者最好牢记于心，并落实到制度的制定、推行等具体行动上，做一个合法的公司经营者、管理者，保护员工的合法权益，以赢得人心。

阅读思考：

（1）为什么很多企业不愿意制定合法的制度？尤其是中小企业，特别是私营企业，更是无视法律的要求？

（2）对照《中华人民共和国公司法》、《中华人民共和国劳动法》等相关法律法规，检查自己的公司是否存在与法律相冲突的制度条款。

6. 持续完善，让制度与时俱进

20 世纪 60 年代，美国企业界曾广泛流传这样一个故事：一个并不擅长指挥的无能的连长，获得了一项最高荣誉。他之所以获奖，只因一条军规：凡连队官兵在军事演习中获得了最高成绩，该连长即可获得最高荣誉。这项军规在当初制定时，出于某种特殊原因，有其存在的必要性。但是过了很长一段时间还在执行，就显得过于陈腐了，因为它与现实情况已经严重不符，已经不适合了。

企业在发展过程中，也面临同样的问题。企业外部环境在不断变化，企业的经营状况和所处的发展阶段也在不断变化。因此，企业规章制度也应该适时地做出调整和完善，确保制度跟得上企业发展的步伐，符合企业当下的实情，这样的制度才能为企业发展提供保障。

身为管理者，一定要清楚：每一项制度的出台，都是着眼于当前企业存在的问题。当问题解决了，新问题又会出现，原来的制度可能就失去了作用。因此，先前制定的制度不是一劳永逸的，千万不可墨守成规。如果企业用的还是几十年前制定的制度，那恐怕企业只能走向衰亡了。

艾柯卡是美国著名的企业管理专家，他曾在福特公司担任总经理一职，他在职期间，积极要求创新，大刀阔斧地改革企业制度，但由于福特公司的总裁小福特思想守旧，墨守成规，两人在管理理念上存在不可调和的矛盾，最终，艾柯卡只能离开福特。

福特公司在小福特保守的思想统治下，公司业绩在 20 世纪 70 年代末 80 年代初步步下滑，最后甚至滑落到亏损的边缘。而艾柯卡在离开福特公司之后，进入了克莱斯勒公司担任总裁。当时的克莱斯勒也濒临破产的困局。艾柯卡上任之后，大胆地改革了公司的旧制度，积极进行创新。在不到两年的时间，就将克莱斯勒从破产边缘拉了回来，使其业绩一路飙升，并且很快就赶超了福特公司。

面对如此激烈的竞争环境，福特公司的管理者也痛定思痛，奋起革新，推出了一套灵活的管理机制，这才使福特公司恢复了往日的雄风，保住了自己的市场份额。

克莱斯勒与福特的死而复生告诉我们这样一个道理：公司的管理者一定不能墨守成规，必须在管理制度和生产技术上不断进行创新发展，这样才能为公司构筑成功的阶梯。

摩根斯坦利董事长兼 CEO 普赛尔说过："所谓的企业管理，就是解决一连串关系密切的问题，必须树立健全的规章制度，否则必将造成损失。"企业未来的发展状态，很大程度上取决于完善的制度。制度完善的企业，各项事务才能够井井有条地进行，决策才能够更加准确明智，对市场的适应能力才能更强。反之，不完善的制度对于企业来说就等于无制度。而没有制度的企业就如同一盘散沙，风一吹便四散天涯，发展壮大更是无从谈起。

作为企业管理者，要想企业发展壮大，就必须懂得及时完善企业制度，不要留任何空子。通常情况下，要完善企业制度，管理者需要做到以下两点（图 5）：

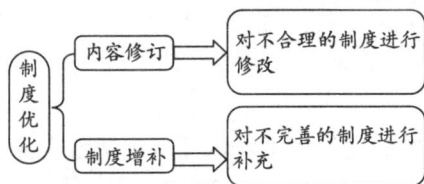

图5　制度优化需要做好的两点

1. 对不合理的制度进行修改

每一项制度的出台，都致力于解决当时的现实问题。当问题被解决后，企业又会面临新的问题。旧的制度在新的问题面前，已经失去了原有作用，或作用大为减小。这就要求管理者要适时地废除不合理的制度条款，用新的、更符合现实的制度来取代。

比如，有家图书公司曾要求每个员工在上班前30分钟，阅读公司订阅的当天报纸，以了解最新信息，从中寻找图书策划的灵感，丰富知识积累、拓宽知识面。可随着网络时代的到来，公司管理者发现网上看新闻、看网络版的报纸相对更便捷，而且还能为公司节省下订阅报纸的费用。于是，公司果断地废除了旧的制度，取而代之的是鼓励大家上网看新闻。这一举措很好地满足了员工的需求，赢得了员工的认可。

2. 对不完善的制度进行补充

很多上班族打开电脑后，会习惯性地点开杀毒软件，扫描一下病毒，清理一下垃圾，检查一下是否有软件需要更新，是否有安全补丁需要安装，以保证杀毒软件对电脑的防护力度。其实，企业制度也应该如此，经常检查和反思，看是否有不完善的地方，然后对其进行修正和补充。

比如，有家公司原来规定：员工当天工作必须当天完成，否则，在公司加班也要完成。后来管理者了解到，有时候员工下班急着回家，你强行留他们在公司加班，他们心不在焉，工作效率会很低。于是，公司对原有制度进行了补充：当天工作要当天完成，否则，在公司加班或把工作带回家完成。总之，不准拖延。经过这样的补充，一下就让该制度变得更有人情味了。员工都能理解，也能很好地遵守。

阅读思考：

（1）为什么再好的制度，也不能保证永远适合企业？请结合全文阅读和个人观点，说出三条理由。

（2）怎样避免完善制度时，给员工留下"朝令夕改"的印象？

7. 严谨以对，制度不能朝令夕改

我曾问过很多人："你最讨厌什么样的老板？"很多人告诉我，他们最讨厌朝令夕改的老板。因为这种老板昨天出台的制度规定，今天就推倒重来，到了明天，可能又会来一次修改，让人不知所措。这会严重损害制度的严肃性和权威性，大大降低员工对制度的认同感和执行力。

日本新日牛奶公司调来了一名营销副总，他上任之后，决定建立规范的销售制度。

保鲜、强调时效性是鲜奶制品的重要特点，因为鲜奶保质期只有三天。在产品上市初期，公司销售制度承诺零售商：如果销售不完可以退货。在产品销售量稳定之后，随着销售员对市场的掌控，基本能够了解每个零售商的日销售量，在这种情况下，副总修改了制度，决定取消退货制度。除非奶制品出了问题，否则销售员必须自己承担责任。

接着，公司又修改了销售制度，要求销售员根据与零售商打交道获得的销售信息去预测第二天的销量，然后上报给生产总部，定量生产，减少库存。原本这样做的出发点是好的，但是制度执行了一段时间后，销售员发现了一个新的问题：如果预测的销量多了，销售不完，自己承担损失；如果预测的销量少了，又会影响销售任务，影响销售员的业绩。因此，销售员很难执行这项制度。

紧接着，零售商也有意见，因为销售员预测的销量少了，提供的奶制品就会相应减少，导致零售商产品不够卖，直接影响了收入。有时候预测多了，导致产品卖不完，又不能退货。制度刚实行几天，各方面就怨声载道，于是副总取消了这项制度……

企业制度最忌讳的就是朝令夕改，管理者在设计制度时朝令夕改，只会让员工无所适从。具体来说，制度朝令夕改会造成以下三种危害（图6）：

危害1：动摇制度的稳定性

危害2：降低制度的威慑力和影响力

危害3：浪费管理者的时间和精力

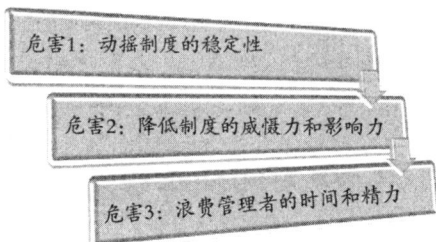

图6　制度朝令夕改的危害

危害１：动摇制度的稳定性

一项制度能够发挥作用，是建立在稳定的基础上的。也就是说，要想看到一项制度是否起作用，需要给它一段时间去实行，考察在实行制度的这段时间，公司的问题有没有解决。如果管理者没有耐心，制度出台三天，见效果不明显，就立马换掉，再出台一项制度，这样做再好的制度都发挥不出其应有的作用和价值。

危害２：降低制度的威摄力和影响力

管理者在出台制度时朝令夕改，会使员工对制度产生困惑，难以理解和把握制度的要点，从而对制度产生诸多质疑：这项制度能推行多久？它会不会被取代？它是最佳的制度吗？这样就会影响制度的威慑力和影响力。

危害３：浪费管理者的时间和精力

管理者不厌其烦地更换制度，极大地浪费了时间和精力，不仅增加了管理成本，还无法提升管理绩效，这是双重的浪费。

事实上，管理者也知道朝令夕改的危害，他们也不想朝令夕改，只不过因为发现之前的制度不太合理，所以才会不断修正。但由于在修正的时候没有做到全面考察，导致修订的制度也存在很大的缺陷，因此为下一次修改创造了机会。

通常来说，导致管理者朝令夕改的原因有以下几个：

原因１：过于追求完美

不断质疑自己，总觉得当前的制度不是最完美的。有一种企业管理者有完美主义倾向，他们做事精益求精，不允许有半点瑕疵。就拿出台制度这件事来说，他们总认为当前的制度不是完美的，即便制度推出之后，他们还会反复琢磨和修改，一旦觉得修改之后比原来好，就会立即替换掉原来的制度，这就造成了朝令夕改。

原因2：规章制度操作的难度太大

有些企业在制定规章制度的时候，没有问政于民，没有对实际工作进行调查，没有充分考虑生产、销售、售后等环节的实际情况，干了闭门造车的蠢事，或把别人的制度生搬硬套过来。结果制度出台之后，才发现水土不服，可操作性低，由此导致朝令夕改。

原因3：规章制度没有系统性和连贯性

在现代企业管理中，规章制度是一项较为复杂的系统工程。但在现实中，不少企业在制定制度的时候，抱着"走一步算一步"的态度，没有注重制度的前后联系，导致制度与制度之间割裂开来，互相矛盾。这样就无法形成一个完整的规章制度体系。比如，有个企业在制定质量考核标准中规定：检查不合格将会扣除部门和个人的绩效分，而在另一个条文中又规定：检查不合格给予罚款。

针对以上三种原因，要想避免制度朝令夕改，管理者可以从以下三点去努力：

1.抛弃追求完美的心态

世界上没有完美的制度，如果管理者固执地追求完美，那无疑是庸人自扰。在出台制度时，管理者要明确一点：到底是针对什么问题出台制度的？针对这个问题，需要用什么方法解决？可以达到什么样的效果？如果按照这个思路去制定制度，那么出台的制度大致差不了。至于细节上的不完美，在制度推行过程中，可以"微调"，而不是颠覆性地、本质性地修改。

对于有完美追求的管理者来说，在推出制度之前，最好是经过一番深思熟虑。如果没有拿定主意，觉得制度的草案还不完美，那就不要宣布，不要推行。直到管理者觉得制度很完美了，再向公司全体宣布，推行这项制度。这才是防止朝令夕改最好的办法。

2.重视前期调研、征询员工意见

出台一项制度要着眼于解决实际问题，因此，一定要从实际出发，注重前期调研、收集相关资料，深入分析制度的可行性。即便是借鉴其他公司的优秀制度，也要思考是否适用于本企业。另外，一定要调动员工参与，征询大家的意见，确保制度出台经过了民主的程序。当然，这不是说走个过场，而是说要集思广益，积极听取员工的意见。这样，大家面对自己参与制定的制度时，遵守的自觉性和落实的积极性才会更高。

3. 用前瞻性的视角思考制度设计

出台制度就像下象棋，最好能往前多看几步：解决了当前的问题，可能会出现什么新问题？对于这些新问题，又该采用哪些制度去解决？如果管理者每次都能多想几步，保持前瞻性的眼光看问题，就可以很好地避免"走一步看一步"，避免一项制度出台一段时间，就被更换掉的结果。

阅读思考：

（1）你认为持续完善制度与制度朝令夕改两者矛盾吗？为什么？

（2）怎样才能制定最实用的制度，而不是制定最完美的制度？

第三章
规范流程，让执行有条不紊展开

　　有了科学规范的制度，还需用规范的流程保证制度落地。很多企业有很好的制度，为什么却执行不到位呢？其实是缺少了流程的规范。如何才能设计出一套科学合理、简单明确、衔接顺畅的流程，如何用流程来保证制度执行？这是每一位管理者都应思考的课题。

1. 流程的要求：科学合理，立足现实

规范流程的最终目的是帮助企业实现科学的运转，规范员工有条不紊地开展执行，从而提高执行的效率，实现经济效益的最大化。然而，这个目标实现的前提是流程本身要科学合理、立足现实。这是流程制作的基本要求，如果做不到这一点，再好的流程也没有什么现实意义。

怎样才能立足现实，设计出科学合理的流程呢？这要求管理者在制定流程时，一切从实际出发，充分分析企业现状，包括产品现状、客户现状等现实因素，再针对这些因素去设计科学的工作流程。

麦德龙是德国最大、欧洲第二、世界第三的零售批发超市集团，其驻中国分部的总裁 Hail 先生曾在接受采访时说："无论做什么，都不要忘了供应链的另一端是客户，这是最重要的。很多人工作中盲目地追求高标准、高规范，却忽略了他们的客户。"

谈及工作流程的设计，Hail 先生表示，设计工作流程首先要立足现实，然后分析需要通过流程达到什么样的目标。以设计货物摆放流程为例，麦德龙会先分析客户的需求。比如，针对客户的不同特性建立客户信息管理系统，这个系统主要是帮助公司筛选客户。根据这个系统，Hail 先生举了一个简单的工作案例：

在货架上摆放商品，可以一件一件地放，也可以一箱一箱地放。但是我们会根据客户的需求来决定最终如何摆放，如果不限定客户随便摆放，我们的运营成本就会增加，管理难度也会增大。比如，一箱可口可乐一件一件地放，要放 24 次。如果一箱一箱地放，一次就够了。因此，我们选择的是那些希望一箱一箱购买可乐的客户，而不是一件一件零买的客户。操作成本的减少就意味着人员成本的减少，因此我们的商店不需要太多的员工。

通过以上分析，麦德龙的货物摆放流程就清晰地呈现出来了：

第 1 步：筛选客户，确定目标客户——整箱购买的客户。

第 2 步：货物到达超市后，工作人员将整箱的货物摆放在货架上（具体如何摆放，麦德龙还有更细化的摆放流程）。

麦德龙所有的工作都是以市场为导向，以服务顾客为宗旨。他们深知，客户是工作流程中最关键的一环，客户的需求决定了企业的发展，因此，他们总是站在客户的角度去制定工作标准，从而提供更加完善的商品和服务。

从这个事例中我们可以看出：麦德龙在设计流程时，是以客户需求为出发点的，从而可以更确切地瞄准目标客户群体，抓住客户的需求。这就是立足现实设计流程的一种典范。在我们身边，有些公司不懂得以市场为导向，不懂得研究客户需求，盲目地设计流程，就会脱离实际，流程就无法发挥作用。

事实上，在企业管理工作流程的制定中，客户是一个不可忽视的环节。一般管理学理论上都一致认为，流程有六个要素（图 7），客户就是其中之一。其他五个要素分别为：输入资源、活动、活动的相互作用（即结构）、输出结果、价值。

图7　流程的六个要素

流程不是活动的简单串联组合，也不是简单的工作程序，而是服务于企业战略，以客户价值为导向，以最佳工作路径为基础，集成配置企业组织及各种资源，流程化运作的业务工作体系。流程更多的是一种管理方法，一种企业运作的系统思维。接下来，我们以顾客修手机为例，来体会流程的六要素以及流程的概念。

（1）你走进诺基亚手机服务点，首先看到的是墙上的大字——NOKIA CARE。

（2）你在预检台简要说明故障现象。这时服务人员并未要求你提供手机发票，而只是问你一句"购机时间是否在一年内"。

（3）你得到排队号。

（4）电子语音叫号。服务点有座椅和茶水，墙壁上的电视里播放着电影，用来帮助等候修理手机的顾客打发时间。

（5）叫到号后，你不需要直接和技术工程师打交道，而是被一位训练有素的女职员接待。她的职责是：

①听取你的故障描述并将其录入电脑。

②提示你进行重要信息备份。

③拆开你的手机。

④把故障部件交给里面房间的技术工程师。

⑤把非故障的芯片、外壳等放到一个小塑料袋里，然后交给你保管。

⑥告知你估计多久后技术工程师可以修好。

在这个例子中，诺基亚维修部的工作流程的六个要素就有很经典的体现：

顾客——像你这样修理手机的顾客。

输入资源——人、财、物、信息的投入（预检台、语音叫号机、饮水机、电视、女职员、技术工程师、故障信息等）。

输出结果——用塑料袋把零散东西装起来且代报修者装好和返还修好后的手机。

流程的价值——不仅是帮顾客修好手机，还要让顾客感觉到被关心、被呵护（"NOKIA CARE"、看电视打发无聊的等待时间、茶水解渴）。

活动和活动的相互作用——就是上述几个因素的相互作用。比如，女职员的问询减少了技术工程师的"无效价值"时间，让工程师可以专心地修理手机，而且可以体现女性的温柔，以消除顾客的抱怨情绪等。

了解了流程的六个要素之后，我们在明确流程的要求时，还需注意两个问题：

1. 考察流程设计人员是否合格

企业在确定流程设计人员时应充分考虑每个人员是否合格，包括职责、能力、态度以及能否承担后果等等。一般来讲，按照规定应该是委派能力最强的人负责，但是通常情况下需要多人合作，因为有的人很负责但能力有限，有的人能力强但态度不积极，而有的人有能力、有态度但职位较低。这些都不能很好地完成任务，虽有大多数企业基本上确立了以一人为主，多人协作的原则，多人组成一个团队，各自发挥自己所长，精密配合。

2. 进行管理业务分析

工作流程的制定必须依赖于某项具体的业务，这项业务就是流程的核心。在制定之前要求相关人员必须对核心业务进行可续的分析和预测，识别业务类型以及确定这项业务与其他业务之间的关系等等。比如，发电企业在制定管理流程时，就必须先明确这一领域的工作范畴，比如，安全生产管理、设备管理、节能环保管理、科技进步管理以及相应的人力管理、企业文化建设工作等等都要一一考虑到。通过系统地分析核心工作，可以明确流程的具体任务，确保流程的完整性。在明确核心业务后要对业务进行分析，针对每一项业务查找相应的管理标准和适用法律法规要求，并详细罗列，然后按照一定的原则进行整合。

阅读思考：

（1）为什么流程设计时，要求必须立足现实？设计者根据自己的主观想法难道不能设计出超现实的流程吗？

（2）为什么要选择合格的人员担任流程的设计者？企业应该对他们提出怎样的要求？

2. 流程的根本：该做什么，该怎么做

在日常管理中，把工作任务分配到人，帮员工明确工作目标和努力方向，是每一位管理者的基本职责。然而，这种依靠口头传达的工作指令毕竟效率太低，只适用于小公司、小团队。如果公司规模较大、人员较多，管理者还要靠个人力量传达工作指令，那么沟通效率、管理效率就会大打折扣了。该怎样解决这个问题呢？

事实上，在规范的大公司里，管理者根本不需要靠个人传达工作指令，因为公司的流程已经明确告知大家应该做什么，该怎么做。联想集团的管理模式就是用流程规范员工，柳传志多次在公司会议上强调："员工做事，有流程制度的一定要按流程制度办事；流程制度有问题，那就先按流程制度办事，然后提出改进建议；没有流程制度，先按公司文化的要求办，然后提出建设流程制度的建议。"

也许有些管理者不明白，为什么企业要用流程来规范员工？其实，之所以要用流程来规范员工，首先是因为流程可以搭建一个大的职能框架系统，让不同职位的员工明白自己的工作。关于这一点，我们不妨从下面的案例中去细细体会。

几名中国企业家和官员组团去日本某食品企业参观和学习。日方准备了丰盛的午餐，局长因此多喝了几杯。吃完饭，大家在日方企业领导的陪同下参观生产车间，可是刚到生产车间不久，局长就想如厕。日企的领导马上指示下属带局长去车间内部的厕所。

厕所相当高档，是全自动的，局长来到厕所门口，厕所门便自动打开了，局长进入之后，门便自动关上了。局长很好奇，不由得打量了这先进的厕所。等他如厕完毕，准备推门出去时，才发现门上并没有把手，他试着推了一把，但是没有推开。

　　局长有点傻眼，心想着外边的一大帮人还在等他呢？急忙之际，他打电话向秘书求助，秘书找到日企领导，一群人来到了厕所外面。

　　日企领导解释说，如厕完后要按照"流程"操作门才会打开，厕所门上有流程操作图。秘书赶紧告诉里边的局长，局长果然看到门上有个《如厕流程》，幸好有中文对照，于是他按照上面的要求用水冲洗马桶，然后打洗手液，再烘干。

　　可是完事后，门还是没开，局长彻底傻眼了，于是大声喊道："我按流程做了，怎么门还不开？是不是门有问题？"

　　日企领导也不敢怠慢，急忙解释说："流程旁边还有一行说明，请局长仔细看看。"

　　局长瞪大眼睛，看见流程图旁边还有一行字，上面写着：冲洗 5 秒钟，用洗手液搓洗 10 秒钟，烘干 15 秒钟。

　　照做之后，厕所门终于打开了。

　　看完这个案例，你别只顾着发笑，因为其中很好地体现了流程的魅力。日企将流程管理运用到如厕上来，规定如厕者完事之后应该做什么、具体怎么做，以督促大家养成良好的如厕习惯。厕所都能用上流程管理，在企业生产上就更不用说了。这个故事很形象地说明了流程的规范作用：那就是让人明白自己应该做什么、怎样做。

　　其实，靠流程化管理企业在国外并不少见，国外很多高级饭店、餐厅早就有流程化管理系统。通过这些流程规定，企业向员工传达了这样一种信息：流程里规定的就是你应该做的事情，流程里怎么规定的，你就应该怎么做。员工在长年累月地按流程办事的过程中，就会慢慢养成一种流程化工作的习惯。

　　在流程里清楚地规定每个员工应该干什么、具体怎么干，这不但减少了管理者口头传达工作指令的负担，更可以让员工在流程的规范下，养成企业期望的工作习惯。所以说，制定科学合理的流程，并用它规范员工的行为，对企业发展具有重要的意义。

　　流程管理是高效管理的代名词，被现代很多企业采用，有些小公司、小饭店也十分重视用流程规范员工。比如，有一家法式餐厅的流程，涵盖了卫生、服务等各方面的工作，甚至对客人的各种问题应该怎样回答，都有严格的流程规定：无论顾客提出什么问题，你永远都不能回答"不知道"。如果你自己不清楚，应向客人说明情况，然后马上想办法寻找问题的答案，再给顾客一个满意的回答。

那么，制定流程时应该注意什么呢？

1. 明确各个员工的职责，衔接好不同岗位之间的关系

在流程中应该清楚地规定各个员工的职责，这一点是毫无疑问的。除此之外，流程还应该让员工明白自己的工作与他人工作之间的衔接关系。举个很简单的例子，厨师做菜就有一个流程：从洗菜、切菜到点火炒菜，炒菜又有放油、放盐、放调料等一系列的流程，最后关火盛菜。

在这个工作流程中，既要让厨师明白自己的职责，还应该让他明白怎样与服务生、洗菜员、配菜员之间协作。比如，服务生传达过来的菜单放在某个固定地方，并口头告知厨师。厨师只要得到告知，就要在第一时间通知洗菜员和配菜员。有了明确的流程规范，大家就清楚自己的本职工作，以及如何配合他人的工作，从而保持高效地"出菜"。

2. 鼓励员工在按流程规范工作的基础上主动、灵活地工作

流程规定是死的，人是活的；流程规定再周全，实际工作也可能遇到特殊情况。面对流程中没有规定的事情，管理者应鼓励员工积极发挥主观能动性。日本索尼公司的创始人盛田昭夫曾对下属说："放手去做好你认为对的事，即使你犯了错误，也可以从中得到经验教训，不再犯同样的错误。"这体现了索尼公司对员工的宽容，也体现了索尼公司重视培养员工在流程之外的主动工作意识。

主动工作的意识是非常可贵的，任何一家企业都不能只让员工死板地按流程工作，对于流程未能考虑到的事情视而不见，而应该像索尼公司那样，既鼓励员工按流程规范来办事，也要针对具体事件主动、灵活地处理。这是一种责任心的体现，有助于提高员工的执行力，对企业发展尤为重要。

阅读思考：

（1）设计流程时，必须确保流程的每个环节都能让人一眼就看明白应该怎么做，不应该怎么做吗？

（2）流程是固化的，甚至是死板的，如何保证员工既按流程办事，又不受流程的局限呢？

3. 流程的设计：立足全局，环环相扣

工作流程就像一棵大树，不但要有一个主干，还要有许多枝叶，而且主干与枝叶之间，枝叶与枝叶之间必须环环相扣，相依相存。这就是流程设计应该坚持的原则。企业管理者在设计工作流程时必须从企业战略目标出发，立足全局，设计出环环相扣的流程。

现实中，有些企业在设计工作流程时，不是从企业全局出发，而是从各部门出发，以方便各部门为流程设计的目标。结果，各部门设计出来的流程之间缺少衔接性，造成了管理上的"真空地带"。

有一次，一位企业副总和我交流，说他们企业的流程管理已经实施了半年，到目前为止未见到流程的效果。我问他流程是怎么设计的，又是怎么执行的。他告诉我，说流程是各部门负责人自行设计的，然后再由高层将各部门的流程拼接起来。在执行的时候，各部门员工都是在部门工作流程的指导下进行工作的。

我问他，这样的流程管理是不是经常出现部门争议？因为部门流程之间在衔接上容易出问题。他说是这样的。我告诉他，流程不应该从部门出发，而应该从企业全局出发，以企业整体目标为导向、以企业价值增值为目标，以打通部门墙提高办事效率为手段、为各岗位充分尽责及时应对市场变化为基点，这样才能提高企业的执行力和竞争力。

流程管理就是为了解决各种企业弊病而制定的管理技术，就是要把企业从局部管理的低效率转换到流程主导的高效率全局性轨道上来。如果部门各自为政，不仅不能打通原有的部门墙，相反却有可能增加部门墙的厚度，原本部门间只隔着一堵墙，现在各自为政的结果，就类似做了一个个房间再拼成大楼一样，墙无疑变成双层了。因此，从局部来制定流程的思路是错误的，不但无法达到目的，还有可能南辕北辙。

　　建大楼是先地基，然后框架，完成框架之后，再分层砌墙，各层建好之后，才能分间装修。做流程与建大楼是一样的道理，也需要有层次性，这种层次性体现在由上至下、由整体到部分、由宏观到微观、由抽象到具体的逻辑关系，不能本末倒置。流程设置正确的做法是从企业的战略定位开始，从企业的目标体系往下分，把企业主要事务工作的相互衔接优化组合（流程结构）之后，再细分流程活动。流程优化是先总后分，先大后小，只有这样，才符合人们的思维习惯，才有利于企业业务模型的建立以及企业部门之间的层次关系。

　　反之，流程之间如果没有这层逻辑关系，就容易形成"真空地带"。通常来说，导致流程出现"真空地带"主要是由以下五种不合理的流程设计造成的（图8）：

图8　流程设计不合理的五种表现

　　（1）流程环节过多。例如某企业的财务部门，总稽核与会计科主管由同一人担任，但对于一些单据的审核，会计科完成后，再经预算科审核，还要由总稽核进行稽核。

　　（2）流程环节跳跃过大。这类问题较为常见，指在两个环节之间缺失了一个必要的步骤，例如对于培训流程缺乏评估环节、对于设备采购缺乏试运行环节等。"环节跳跃过大"与"缺失关键控制点"和"缺乏必要的信息反馈"有所区别。

　　（3）流程环节顺序不合理。例如，某企业的年度经营计划流程制定中，各分厂先向总部计划管理部门上报了计划初稿，再与设备管理、安全管理等部门协商进行调整。

（4）缺失关键控制点。对于重要事项的控制环节缺失。例如计量仪器的购买缺乏质量部门的审核环节、劳保用品的发放缺乏超标审核等。

（5）缺乏必要的信息反馈。一些需要进行信息反馈的工作缺乏信息反馈环节，在一些人力资源相关岗位调整、考核等流程中，容易出现这一问题。

对于任何一家企业来说，在设计流程时都必须避免出现这些"真空地带"。那么，怎样设计流程才能最大限度地消除这些"真空地带"呢？

1. 明确你要制定流程的工作内容

在制定工作流程之前，要先确定你针对什么内容的工作制作流程。工作内容不同，所需要的流程也是不同的。比如，一家公司里，财务部有财务流程，销售部有销售流程，人力资源部有招聘流程、绩效考核流程、财务报销流程。切勿针对各个工作内容，制定一个大而全的流程，因为这样的流程对具体的工作起不到应有的规范作用。

2. 从顶层流程开始分解，不断细化流程

所谓顶层流程，指的是针对某个具体工作内容的流程总称，在制定这道流程时，可以参考以下几个步骤进行：

第1步：确定工作目标，即做好某项工作所期望达成的目标。

第2步：分解工作目标，即达到这个工作目标需要做好哪几个环节的工作。比如，企业想达到的工作目标是提高财务报销效率，实现报销的及时性。为此，将这个目标分解为以下几个环节（图9）：

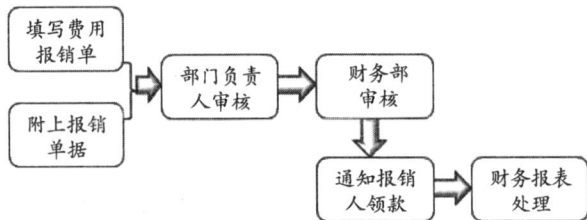

图9　某公司财务报销流程图

第3步：给每个环节的工作定好责任人，让大家各司其职，共同协作，

确保流程的高效落实。

3. 从头开始复盘检查流程各环节的衔接性

检查流程各环节之间是否衔接紧密，是否存在"真空地带"？如果存在"真空地带"，应马上明确各环节责任人的职责，或采取增加环节的办法，填补"真空地带"。这样，一套工作流程就设计完毕了。

阅读思考：

（1）流程的设计为什么要立足全局？从各部门出发不是更切合实际吗？

（2）为什么要给流程各环节定好责任人？这样做有什么好处？

4. 流程的目标：明确清晰，有的放矢

在设计流程和运用流程来管理企业时，管理者首先必须认清流程的目标，即解决现实性的问题。目标越明确，设计的流程就更有针对性，用起来的效果就会更好。切忌为了设计流程而设计流程，这样是不可能设计出实用性强的流程的。

企业管理人员在设计某个流程时，心里要清楚这个流程的目标是什么，设计的步骤是什么。下面我们以某报社一份报纸的刊印流程为例：

约翰森是美国《纽约时报》一家分公司的报社副主编，社里调整了版面设计，每版需要增加必要的广告。这给他的工作带来了一些麻烦，因为每期广告上版时间不固定。

很多时候，编辑部、设计部已经将版面制作完成了，广告却姗姗来迟，由于广告的尺寸大小不一，最后不得不重新修改版面、增加或删减内容，结果给编排部门造成极大的压力和浪费，有时甚至会延误正常出版。

为保证报纸的顺利出版，同时避免浪费页面，约翰森设计了一套工作流程。在设计之前，他首先分析当前的工作，然后得出结论：报纸，最重要的就是如期出版。因此，按时出版，就成为这次工作流程的目标！保证报纸的出版进度也成为最重要的工作，这才是大目标。至于编排设计、广告如何放置，必要时都可以放在一边，为什么？广告等都是大目标下的分解目标而已。

根据这个思路，他制定了这样的工作流程：

第 1 步：以报纸出版为主要任务，严格按照日常出版流程编辑、排版、出版报纸。

第 2 步：若在报纸排版之前已知具体刊登的广告，那么结合该广告实际所需来确定广告页面。否则，概不预留广告页面。

第3步：为避免广告页面漏登，排版部安排专人提前一周与广告招商部沟通，以确定接下来一周的广告内容。

根据这个工作流程，排版部与广告招商部有条不紊地开展工作，再也没有出现过因广告版面问题而发生不愉快的纠纷。

通过对当前出版工作的分析，约翰森确定了"报纸的如其出版为第一要务"的目标，在这个目标的指引下，制订了一周的工作计划；其次，针对"工作效率低下"这个问题，对每天的工作进行针对性的取舍，保留了工作流程中的关键环节。正是把握了这两点，才使得工作中的难题得以解决。

这个事例说明，制作工作流程至少要做到两点：首先内容要明确、清晰，让执行者明确该做什么，如何去做，在什么时间完成什么任务。只有明确地提出来，执行者才能有条不紊地去执行。其次，一定要针对工作流程绘制清晰的流程图，让大家轻松地按图索骥，便于指导工作，提高执行效率。

接下来，我们就来探讨如何绘制清晰的流程图：

1. 把握流程岗位的责任分类和流程活动的先后顺序

每一个工作流程都涉及不同部门、不同岗位的工作，如何安排这些工作，怎么排序事关重大。否则，不仅连线会发生错误，进程也会错乱，这样的流程图就没什么效果可言。所以，在设计流程图时，一定要明确流程的授权岗位、主持岗位、支持岗位、协助岗位的排列顺序，以及它们相互之间的联系（图10）。

2. 对流程图进行分级

流程图是有级别的，一般来说，最高级的为总公司，最低级的可细化到各部门的某个工作小组、某个员工。从最高级到最低级，中间可以通过一级、二级、三级这样的先后顺序依次排开。

一级流程图为公司级流程图，比如，员工管理流程图、公司预算流程图、业务往来流程图等；二级流程图为部门流程图，比如，市场部的销售流程图、技术部的研发流程图、人力资源部的人力资源管理流程图等；三级流程图为各部门的具体工作流程图，比如，营销管理流程中的统计工作流程图、业务开展流程图等。

大多数情况下，完整的流程图只需包含以上三个级别，很少需要细化到四级、五级。流程图中每个级别之间是环环相扣、缺一不可的，上一级别流程图的一个节点，到下一级可以演化为一个完整的流程图。比如，销售流程图是二级流程，业务开发则是三级流程，它是从销售流程中演化、细化而来的。

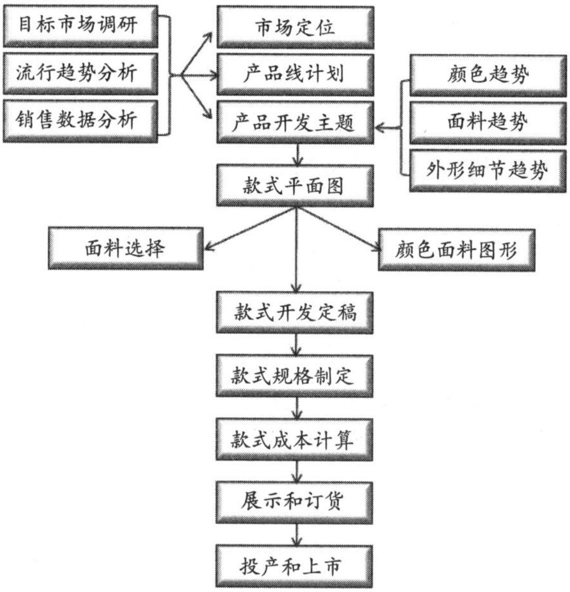

图10　某服装公司产品研发设计流程图

3. 灵活地运用图表展现工作流程

流程图，自然少不了画图，目前通用的流程示意图是"矩阵式流程图"，它分为纵、横两个类型，纵向表示工作的先后顺序，横向表示工作的部门和职位。通过纵、横两个象限的坐标，可以清晰地看到流程对各部门的要求，以及各项工作环节的先后顺序，这样让人一目了然地看清什么工作由谁负责。当然，较为复杂的流程图还会用到菱形、椭圆等特殊图形，这些图形既可以单独使用，也可以随意组合，只要能达到清晰地呈现出流程各环节和工作步骤就可以。

值得注意的是，绘制流程图时必须遵守流程内容与流程形式并重的原则。内容决定形式，形式影响内容，两者缺一不可、相辅相成、相互影响。内容明确清晰、顺畅自然，流程有的放矢，图形简洁美观，这才是成功的流程图。

阅读思考：

（1）每个流程的目标都是不同的，但也是相同的，请问流程的根本目标是什么？

（2）在绘制流程图时，需要注意什么才能确保流程明确清晰，一目了然？

5. 流程的导向：注重结果，做好过程

企业管理最基本的原则就是以结果为导向，即强调管理中所做的每一个行为、每一个步骤都要取得满意的结果，否则管理就无法取得好的效果。流程管理作为企业管理中一种全新的管理方式，它与所有的管理方式一样，其最终目标都是为企业服务，实现企业经济效益的最大化。所以，无论制作何种工作流程，必须围绕"企业利益"的实现为准则，以最终结果为衡量标准。

然而，我见到很多企业在流程制作过程中总是容易出现本末倒置的现象。管理上存在某些问题，不去想办法用流程解决问题，而是花大成本、大精力去追究相关人员的责任。结果导致既浪费了大量的人力、物力、财力，又错失了解决问题的良机。

例如，某公司组织员工进行课程培训，总经理对秘书说："明天早上9点钟，你让全体员工准时到达会议室，进行培训。"秘书在黑板上写上通知，传达了总经理的旨意。

第二天的8点半，讲师来到会议室，到了8点40分仍没有一个员工来；又过了10分钟只来了两三个员工；到了9点员工陆陆续续地来了；员工全部到齐已经到了9点半。

总经理见员工没有在9点准时到达，觉得在讲师面前很没面子，于是大发雷霆，打算处罚迟到的员工。这时讲师对他说："现在的关键不是追究迟到者的责任，而是抓紧时间开始培训课程，结果比过程更重要。"

总经理问："难道不处罚那些迟到者吗？不然的话，以后的执行力怎么有保障？"

讲师说："为什么那么多员工迟到？这不正常啊，你是怎么安排会议的？"

总经理将自己是如何安排会议的详细过程说了，讲师说："你有没有向员工要结果？"

总经理说："我向员工要结果了，我要的结果就是9点必须来会议室。"

"可是员工并没有重视你要的这个结果，是你没有强调这个结果的重要性造成的，不是吗？"讲师说。

这是一个"会议布置流程"管理范例，懂点管理学的人一眼就看出问题出在哪儿，为什么员工没有执行力，正如讲师所说，这不是员工自觉性的问题，而是总经理在布置会议时已经出现了问题。换句话说，这位总经理根本没有把培训的重要性列入流程中去，在这样的指导思想下，很多企业的员工只是单纯地为了执行而执行，为了完成本职的任务而执行，而没有认识到参加培训的重要性，没有认识到为什么去参加培训。

在以职能为核心的传统企业里，每个流程都无形中被分割成多个独立的工作单元，这些工作单元需要按照相应的工序分配到每个员工手上，逐级去执行。在这种情况下，流程的执行过程往往是隐含的，大家看到的只是一道道的工序，一件件的工作，而无法清晰地意识到工作的重要性。也就是说，大部分管理者如果没有一个系统的管理流程，很难明确当前工作的目标导向。这也是为什么很多管理者表面上制定了不少工作流程，却很难运用到工作实践中去的主要原因。

流程管理要求，每个单独的工作任务都必须是围绕一个目标和结果，即管理就是一切以数字说话、以绩效说话。因此，管理者在日常工作中要时刻提醒自己"我要达成什么目标"并思考"为什么没有达成目标"，这样我们的行动才会有效并得到持续改进。但很多管理者并不能时常自问这两个问题。因而，管理工作就缺少统筹的方法、创新的思维。每每向上级汇报工作时总是强调做了好多事、加了许多班、吃了诸多苦、做出了很多努力，但是落在报表上的数字并不理想。这是由于我们的工作没有注重结果导向的指引。

那么，怎样才能让流程兼顾过程和结果呢？

1. 营造以"结果为导向"的工作氛围

没有结果的执行是没有价值的，纵然员工为此找到很多借口，那也是无用的，在执行结果不好的时候，拼命寻找理由，推脱责任，把责任归咎于人，这是极其错误的行为。管理者有必要让员工认识到问题出现后，关键不在于找出谁是谁非，而是立即把责任承担下来，谋求减轻损失的办法。

企业管理者也要明确，当员工执行出问题之后，关键不是追究员工的责任，惩罚员工，而是马上指导员工纠正错误，为保障最终的执行目标顺利完成而努力。相信管理者如果经常这么处理执行中的问题，久而久之，企业就会形成以结果为导向的执行风气。

2. 打造"执行至上"的团队精神

韩国三星之所以能够迅速崛起，与其总裁李健熙的强势推动关系重大。李健熙曾在"新经营运动"会上强调：除了我的妻儿，从现在开始，我会改变一切。这就是执行力，也是管理者的影响力，他给员工树立表率，为的就是打造一支优秀的执行团队。

我们知道，没有哪个教练可以坐在办公室里指挥球员赢球，没有哪个将军可以坐在办公室里指挥员工打胜仗。一个团队的执行力的灵魂在最高管理者那里，如果管理者积极为大家做执行的表率，那么这个团队将会爆发出巨大的执行力。

企业管理者要明确的一个问题，执行是一门强调结果的学问，没有结果的执行就像一个美丽的谎言。为了执行而执行是不对的，要想转变员工的这种执行思想，首先要在管理模式上下工夫，采用流程管理就能在很大程度上避免为了执行而执行，使执行变得更有目的性。但采用流程管理模式不等于一劳永逸，管理者还要强化员工的执行思想和执行意识，使他们在执行中表现得更加积极。

阅读思考：

（1）怎样在流程中体现出对工作结果的重视？

（2）要想在流程执行过程中做好相应的具体工作，管理者应该注意什么？

6. 流程的效果：简单高效，落到实处

一个流程通常由诸多环节构成，企业管理人员在制定工作流程时，切不可忽视流程的系统性和整体性。有些流程之所以效果不好，很大原因就是流程各环节之间缺少衔接和整体关联性，造成各环节无法无缝对接，从而降低了流程的效率。

下面我们以两家饭店的"点菜流程"为例来分析一下：

第一家饭店：

顾客点菜后，服务员手写一个菜单，放到指定窗口。然后厨师按照菜单要求做菜：热菜、凉菜。由于厨师只负责烹饪，在做菜的过程中又有一个详细的分工。首先分给助理，谁负责热菜，谁负责凉菜都有明确的分工，再者从洗菜到切菜，一直由助理来做，择菜的进行择菜，刀工进行切菜，这样有几个菜就完全可以并行。

做好后放到窗口，按铃，喊桌号和菜名，传菜员传菜。

第二家饭店：

厨师要做什么菜，菜单都可以从打印机中直接打印出来，而打印机是没人操作的，只要服务员按照客户的要求输入进去即可。而且这个机器具有分流功能，只有热菜才能在这里打印出来，冷菜、酒水则会在冷菜间和酒水间打印出来。

厨师在接到菜单后，只负责做菜，其他的事情就归服务员负责了。

服务员负责客户的点菜，而点菜完全不需要手动记录，顾客点菜后，只需按确认就好了，之后就可以将菜单打印出来。不同的菜系可以分单打印，然后会在不同的烹饪间打印出来。

接下来，仍可以继续调研烹饪后的传菜和上菜流程……

我们先回过头来看一下，同样是点菜流程，第一家饭店有八个环节，

"点菜"、"记录"、"分单"、"切菜"、"择菜"、"烹饪"、"传菜"、"上菜"等环节，至少需要五个以上工作人员参与其中，"服务员"、"厨师"、"助理"、"刀工"、"传菜员"等几个角色必不可少。这个工作流程最大的缺点在于，流程过程中节点过多，流程间的衔接不顺畅，当某一流程结束后，无法顺利进入下一流程，或者流程中涉及的子流程无法达到无缝衔接。

举个简单的例子，服务员报菜名的流程中，热菜、凉菜需要不同的流程，一个流程中设计了众多的步骤、子流程，各个步骤间存在复杂的依赖关系，必然会增大运转的难度，直接后果就是增加了厨师做菜的难度。

而第二家饭店其实只有两大环节，一个点菜，一个做菜，中间的所有环节全部由机器设备来完成。参与的人员是以服务员和厨师为主的两个角色，（包含其他帮工）两大角色各司其职，服务员负责点菜上菜，厨师负责烧菜烹饪。

两家饭店相比，第二家的工作流程要比第一家简单高效得多。最关键的是，第二家用打印机很好地衔接了服务员和厨师之间的工作，服务员不用向厨师报菜名，厨师不用催促服务员赶紧上菜，各司其职，不但避免了不必要的工作失误，还大大提高了工作效率。

从上面的两个例子中可以看出，企业流程管理工作中存在的最大问题是：流程间的衔接不顺畅，节点多。流程之间各个环节不顺畅，节点多，单个环节的效率尚可，一旦环节较多时就会影响整体效果。流程管理的目的是简单有效地执行，使管理者从繁杂的事务当中解放出来，实现监督管理的职能。这不仅要求管理者的工作重心发生转移，也要求员工的思想从传统的对上司负责，只要完成上司交代的任务就行的观念，转变到对流程和结果负责，满足客户需求的观念上来。

如何才能使企业的流程管理从对人负责转变为对事负责？在具体的流程管理过程中，企业管理人员及领导需注意以下三个要点：

1. 简化流程，减少不必要的环节

对于流程当中具体规定的事务，具体的执行者即是相应负责人，因此只要符合流程规定，就不必请示，应快速通过。所以，在制定流程时，就要考虑减少不必要的请示和确认环节。而执行流程的人，必须对事情负责，而不必对包括自己上级在内的任何人负责。有效地减少不必要的请示和确认环

节，才能实现企业的高效运行。

2. 只按流程做事，不按命令做事

流程管理不同于传统管理的一项新规则即是：流程大过总经理。也就是说，员工只需按流程做事，而不必事事等待上级命令；各级管理人员按照流程规定，该审核签字的时候，就认真审核，不该过问的时候就绝不过问。如果企业最终形成了这样的企业文化，那各项事务必定不用催就能在规定时间内高效完成。当然，要想做到这一点，企业不仅要完善各项流程制度，还应将流程制度落到实处，只要发现不按流程做事的人，无论职位高低，一律按制度处罚。

3. 执行人就是直接负责人，领导不要过多干预

无论是部门管理人员，还是企业的中高层领导，在具体的流程面前，都没有特殊权力，不能拿职务、身份压人，随意下命令。只要员工是按流程办事，领导上级就应闭嘴，当然，一旦发现员工执行流程有误，那也要当机立断，按流程对具体负责人进行问责或处罚。按照正常程序，无论是审单、收单还是调整订单均属调度职务范围之内的事，按照这一流程，调度只要按单排产备料即可。如有上级要求为某一紧急订单加急备料，上级必须按照相应的紧急备料流程来下单，否则无权插手调度工作的具体事务。

人才就像珍珠，散布的珍珠如果想要价值增值，就得串在一起，串起珍珠的那条线就是企业的流程。为什么同样一个人，管理无序的企业其能力不能发挥或者发挥不多，而换了一个管理有序的企业后，却能大展拳脚、大放异彩呢？不是人变了，而是流程变了。简洁高效的流程才能让这些"珍珠"价值倍增，在科学合理的流程管理中，人的主动性和积极性能够带来最大的价值产出。

阅读思考：

（1）怎样才能让流程的各环节衔接得更紧密？除了避免各环节出现"真空地带"，还应注意什么？

（2）按流程办事，而不是按命令办事，这句话怎么理解？如何规避二者之间的冲突？

7. 执行不按流程走，等于没有执行力

曾有一位企业家朋友焦虑地向我倾诉，他的企业从原来的十几人发展到现在的上百人，规模扩大了不少，但执行力却令人担忧。他多次召开会议强调执行力的问题，提醒员工要有责任心和执行力，可是收效甚微。

企业所有的问题都可以归结为执行力的问题。但是，员工缺乏执行力，并非都是员工责任心、素质的问题。如果企业不能给员工制定执行标准，不设计出有效的流程，即使是最职业化的员工，也会出现执行力低下的问题。所以，流程对于提高执行力非常重要。

可是，企业有流程，执行力就一定能提高吗？这也不一定，因为有流程还必须去遵守。如果有流程不遵守，那就等于没有流程。

有一位企业家曾在公司内实施了流程管理。在他的强势命令与推动下，员工一改往日的散漫工作习惯，开始严格按流程做事。但三个月后，他告诉我：员工在按流程执行时，普遍有一种"走形式"的心态。无论他怎么强调，"走形式"的现象依然存在。

我们常说世界 500 强等跨国公司员工的执行力强，为什么他们的员工执行力强呢？这并非因为他们的员工比我们更聪明，也不一定是他们的员工责任感比我们的员工更强，而是因为他们给员工制定了行动标准和执行流程，并且员工能够按流程去执行。

按流程去执行，目的就是提高效率并减少失误。反之，有流程不遵守，也就意味着会犯更多的错误。在强调团队协作的工作中，任何一个人不按流程走，都会引起团队的混乱，降低团队的整体执行力。

波音（中国）公司总裁王建民在被记者问道"对稳定的追求和对流程的要求是否会导致公司反应迟缓、执行力不足"时，王建民的回答是："按照流程执行是我们不变的方针，虽然这样可能会使反应慢些，但是对流程的严

格遵守，正是执行力的体现。"流程就是执行的工具，当所有员工都能够按流程执行的时候，他们的执行力也就得到了基本的体现。

那么，怎样才能保证员工按流程去执行呢？

1. 认识"变通"的危害，发现一次严处一次

中国人喜欢变通，而且把变通的智慧发挥到了各行各业的执行中。其实，变通并非坏事，但要看什么事情。如果是生活中的为人处世，适当变通无可厚非。但如果是在工作执行中，就不能跳出流程的规范，企图通过变通"走捷径"。身为管理者，坚决不能允许执行中的变通行为，发现一次应该严处一次。

为什么？因为变通会给执行带来很大的危害。很多时候，变通的执行会导致一些意想不到的事情发生，从而降低工作效率。更严重的是，某个人的变通会影响其他人的工作节奏，最后的结果可能就是，个人的工作效率提高了，团队的工作效率却下降了。

2009 年 4 月 10 日上午，山西太原火车站附近发生了一起汽车爆炸事件，造成一死一伤的悲剧。这起悲剧发生在一家汽车维修店里，原因是一位汽修工在修理汽车时没有遵守流程，导致油箱爆炸。

这位工人到底是怎样违规操作的呢？原来，这名工人在给卡车焊接油箱时，没有对油箱进行抽气，就迫不及待地进行焊接，结果引起了爆炸。正确的操作流程应该是，先把油箱内的汽油放干，并对油箱进行抽气，让汽油全部挥发，然后才能进行焊接。

有些人喜欢用"情况特殊"来给自己的变通找理由。实际上，工作中出现的"特殊情况"并不特殊，按流程执行才是职业化员工的常态，而不断地变通，恰恰说明你的员工和你的公司还不够职业化。关于这一点，企业管理者一定要有深刻的认知。

2. 按流程执行要做到先僵化，后固化，再优化

华为总裁任正非在引进 IBM 的流程管理时，明确提出：无论流程是否合理，都要"先僵化，后固化，再优化"，其目的就是防止员工不按流程执行。

之所以"僵化"，是因为员工普遍缺乏按流程执行的意识，习惯了随意自由的工作方式。只有通过"僵化"去强化员工按流程执行的行为，员工才

会逐渐将按流程执行变成一种工作习惯，这就是"固化"。然后通过流程优化，就可以进一步提高员工的执行力了。

3.做好监督核查工作

员工是否按流程执行，是否执行到位了，必须通过监督核查来了解。例如，有家企业实施流程化管理之后，把各个职位的相应职责清楚地印在《员工手册》上，然后每个员工一本手册，让大家按照手册上的要求去执行工作。尽管手册中的流程图表非常细致，但是员工大多数还是没有按照这些条条框框去执行。后来管理人员做了个统计，用笔把未执行的条款画了出来，结果发现真正得以执行的条款不到10%。

这是很多企业实施流程管理之后面临的现状。针对企业只管说、员工却不做，企业很重视方案、员工却不重实施的现状，管理者有必要在企业管理中引入监督考核机制，设立一个考核部门。通过反复检查来狠抓落实，对照每个职位相应的职责进行监督。发现没有按流程执行的情况要及时提醒、警告、批评教育。对于情况严重的、屡教不改的员工，考核部门可以采取相应的惩罚措施；对于认真执行流程制度的员工，考核部门可以进行适当的奖励，并把这些平常的执行情况纳入最终的绩效考核中去，与员工的薪酬、待遇直接挂钩。如此一来，就能很好地保证员工按流程执行了。

阅读思考：

（1）变通是智慧的表现，为什么执行中不提倡变通呢？它到底有什么危害？

（2）为了让员工把"按流程执行"内化成一种工作习惯，管理者需要做些什么？

第四章
优化流程，高效节能提升生产率

在执行中，员工不仅要做正确的事，还需要正确地做这些事。这就要求管理者不断进行流程优化，让员工所做的每一环节的工作，都是最必要的工作。流程优化是一种策略，它通过不断发展、完善、优化业务流程来保持企业的竞争优势。通过流程优化，不仅可以提高员工的执行力，还能让管理变得简单高效。

1. 分析流程设计，洞察流程隐患

现如今，企业越来越重视流程化管理，很多企业奔赴在流程设计、流程执行的道路上，还有一些企业已经尝到了流程管理的甜头。可是，当前的流程是否是最适合企业的？是否称得上科学规范呢？答案也许是不一定。对于管理者来说，必须重视流程优化工作，而第一步就是分析流程设计，洞察流程隐患。

当前企业界在流程设计和流程管理上，普遍存在以下几个流程隐患：

隐患 1：流程设计缺乏明确的目的

很多企业在设计流程时，流程模板的选择较随意，没有考虑流程的使用目的以及执行者的工作特点，比如，我们针对现场操作人员，设计一份操作指导作业流程，就可能出现两个问题，一是流程图格式问题，如果让一线员工看一份逻辑严密、纯文字描述的流程，不但解读花费时间长，而且易理解偏差；而如果看一份光有步骤说明、没有箭头指向的流程，则需要人为判断各作业环节的关系，容易出错。二是流程环节的划分较粗糙，关键业务环节没有进行必要的动作分解，流程指示不明确。

可见，在没有明确目的指导的情况下设计流程，将使整个流程工作变得无据可依，从而导致工作效率低下，且工作质量得不到保证。

隐患 2：流程制定缺乏业务前提支撑

令很多流程设计人员苦恼的是，自己绞尽脑汁做出来的流程，交到领导那里却通不过，不是缺失流程要素，就是被批过于简单，或者是关键点遗漏等问题；又或者是，在实际执行中，由于对某些突发事件，缺少相应的异常流程文件，导致工作受阻，此时，流程设计人员就要承担部分责任了。因为，出现这种情况，很多原因是流程设计人员并不了解企业业务内容，没有对业务提前进行充分调研和分析，也没有进行逻辑严密、有序的规划工作，在准备不充足的前提下，设计出的流程文件势必存在各种漏洞。

隐患 3：流程制定后，缺乏评估标准

很多企业在一份流程设计完成后，一般组织一次模拟测试便投入使用，甚至是直接发布，予以实施。设计者和领导者只关注流程是否能满足业务需求，而很少去衡量这份流程方案是否存在环节冗余、资源浪费、效率低下等问题。这是因为企业对流程管理、流程优化的重视程度不够，以及缺少适用于流程优化、流程评价的成熟方法供借鉴。

隐患 4：流程实施过程中缺乏追踪监督机制

企业实际运作中，由于组织机构调整、业务新增、业务变更等问题，需要经常变更和发布新的流程文件，但由于缺乏跟踪管理，导致流程图不但形同虚设，而且还会因误导员工操作而带来不必要的麻烦。

有的企业没有固定的流程管理部门，没有明确规定归口部门的责任，以致企业各部门各自为政，互相推诿的情况，到最后，业务操作已经不受流程文件的控制，导致管理松散、不规范等问题。

由此可以发现，流程设计是一项容易被忽略前提背景支撑且掺杂个人想法的工作，在没有支撑和标准约束下的设计工作，不但设计者本身会主观判断，设计出的流程文件也会出现不切实际的问题，引发各种意见，这无形中影响了流程设计工作的质量和效率。

以上的隐患，都是由于流程设计不合理而造成的。我把这些隐患称为"流程黑洞"。对此，我们来看一个案例。

近年来，淘宝腐败事件屡见报端。作为业内最有影响力的 B2C 电子商务平台的淘宝来说，出现这种情况是很多原因造成的，比如企业文化的原因，制度的原因。但从流程角度来看，还是其内部流程设计方面存在隐患造成的。

在淘宝业务流程中，"淘宝小二"们掌握着监督管理、组织促销、发布广告、处理投诉等多重权力。按照流程管理的信息现场处理原则，让一线员工直接与商家打交道本来无可厚非，比如组织促销、发布广告等本来就是一线员工即"淘宝小二"的工作职责，但是监督管理、处理投诉就不应该是"淘宝小二"的职责范围了。监督管理应由另一批不与商家直接联系业务的

其他员工负责，而投诉处理则应由与前两者利益独立的员工来负责。

假如能做一个让员工各负其责的流程设计，就避免了同一岗位负责所有事务，避免了既当运动员又做裁判员的角色错乱，自然就减少了管理风险。

淘宝事件给我们的警示是在设计流程时，一定要注意既要考虑效率，更要考虑效益。让同一员工承担一个链上的更多工作，虽然能够提升工作效率，但如果没有责任界定，两者不能相互制衡，效益反而会下降。因此，在设计流程时，企业管理者必须认真分析，规避其中隐藏的管理隐患。

那么，在设计流程时，到底要如何才能规避这些管理隐患呢？

1. 选择有针对性的流程模板

流程制定前，首先应该根据企业业务特点，以及制定流程的目的，选择适宜的流程模板、流程图形式、对应的编制工具。例如对于支撑现场人员的操作流程，应简洁易懂、体现操作规范，所以大多企业会以照片和文字相结合的方式，制作标准作业卡，以规范员工作业。

2. 通过业务评估了解企业实情

在流程设计之前，流程设计者应该进行深入的企业业务考察，通过全面评估，了解企业业务实情。再针对这些实际情况，制定相应的业务流程。如此，才能让流程设计者做到心中有数，才能为领导者提供明确的、有说服力的流程设计依据。

3. 重视对流程实施效果的追踪和监督

流程设计并实施后，还要注意流程的持续更新和优化，这是一项长期、持续的工作，为保证此项工作规范有序地执行，应通过明确的管理程序进行流程管理工作的约束和指导，以保证流程管理工作持续、有序地执行。

阅读思考：

（1）流程隐患是流程设计不当造成的吗？除了以上四种隐患，你的企业是否还存在其他的流程隐患？

（2）要想消除流程隐患，还需推倒重置，重新设计流程是吗？是否可以通过流程优化来弥补当初设计的不足？

2. 找出流程病灶，及时对症下药

当一套流程设计出来，投入管理实践中去后，管理者还需定期检查流程是否得到贯彻落实，并对执行效果进行评估，以把控流程管理的效果。如果流程执行管理的效果没有达到预期，管理者应及时检查流程各环节，找出其中的病灶，及时对症下药，达到优化流程、提高流程管理效果的目的。

广州酒家是一家知名的连锁餐饮集团，全公司员工有两千多人。然而，近些年来，因业绩下滑，关了不少门店。公司为了找出业绩下滑的原因，特成立专案调查小组，暗地里对各地门店的运营流程进行了考察。最终找出了这样几个病灶：

（1）大多数员工工作状态不佳。

（2）客户投诉率居高不下。

（3）员工对客户投诉没有引起足够的重视。

（4）客流量减少。

这几个病灶的根源是酒店服务水平下降，导致客户不满，投诉率增加，而酒店又没有正确地处理客户投诉，最终导致客流量减少，导致酒店业绩下滑。

针对这一病灶，广州酒店积极制订解决方案，比如，推出了针对性的绩效考核、奖惩措施。考核方向侧重于员工的行为、服务态度，例如，服务员对待客人的态度是否热情、是否耐心，这是以客人的投诉次数和门店经理的日常观察为考核依据。而对收银员的考核，则侧重于其收费时的动作是否标准，收费流程是否符合公司规定等。

通过这些举措，酒店的服务水平上升了一个等级，客户的投诉率大幅度下降，客流量又多了起来，业绩又出现了大幅上升。

从这个案例中可以看出，企业在流程优化、流程改造时，首先要全面分析公司整个流程当前存在的问题，即使是一些细节问题也不容忽视。只有彻底地找出流程的病灶，才能进一步针对病灶制订解决方案。这样的流程优化和流程改造，才能真正取得效果。

经常有企业管理者反映，他们也对流程进行了优化和再造，可是并没有收到什么成效。对于这种想象，通常是由两个原因导致的：要么是没有对整个流程进行全面分析，没有找到真正的流程病灶；要么是找到了流程病灶，但没有制订针对性的解决方案。两个原因，前者居多。由此，我也提醒广大企业管理者，一定不能轻视对整个流程的分析调研。否则，最终很可能浪费了时间、人力、物力，但却没有成效，白忙活一场。

找出流程中的病灶是企业实施流程优化和流程再造的前提，怎样才能快速、准确地找出流程中的病灶呢？找出了病灶之后，在制订解决方案时，又要注意什么呢？

1. 运用鱼骨分析法找出流程病灶

当企业的业务流程实施了一段时间后，由于组织行为惯性和职业心理因素的影响，很容易造成流程管理效果低下。这时，企业就可以采用鱼骨分析法来找出流程病灶。

鱼骨分析法，又称逐层分解法，是一种有效的识别流程病症，寻找流程哪个环节出了问题，需要做出改进的有效方法（图11）。

图11　鱼骨分析示意图

在运用鱼骨分析法找出流程病灶时，你只需从鱼头向鱼尾逐层分解。离鱼头最近的那根鱼刺，就相当于是流程的第一个环节，然后是第二个环节，第三个环节，直到最后一个环节。逐一找出流程各环节中存在的问题，并将其记录下来。

例如，国内某医药公司发现在发货过程中，有 10% 的客户出现了投诉和抱怨的现象。这是一家上市控股企业，生产销售的是国家级新药和国家重要等多种产品。10% 的客户出现了投诉和抱怨，这是相当严重的。因此，企业积极派人进行流程调查，试图找出流程病灶。结果发现在发货管理过程中存在这样几个突出问题：

（1）流程管理方面的问题：

①流程执行不够到位。

②文件传输不太及时、顺利。

③流程作业的执行主体不明确。

④流程作业存在交叉、重叠的现象。

（2）人力资源管理方面的问题：

①发货岗位的工作人员所具有的知识背景不足以胜任发货工作。

②公司对发货环节的有关规范和技能缺乏有效的培训。

③发货岗位的工作人员的敬业精神有待提高。

④对发货工作的考核流于形式，无法真正约束员工。

结论：该医药公司的投诉率居高不下的原因表现在流程方面和人力资源管理方面。具体来说，是由于流程作业任务交叉、执行主体不明、文件传输混乱等原因造成的。

2. 运用 5W2H 法制订流程病灶的解决方案

所谓 5W2H 法，指的是下面七个要素：

What：做什么，要达到什么目标？

Why：为什么要做？这样做有什么好处？

Where：在什么地方、什么环境下做？

When：什么时间做？预计什么时间结束？

Who：谁来执行这项工作？谁对这项任务负责？

How：怎样做？采取什么措施？有什么计划和步骤？

How much：投入多少资金？预算是多少？

以上七个要素是在针对流程病灶制订解决方案时必须思考的。在针对这七个要素制定具体措施时，可以从以下几个方面去进行提问，并对这些问题进行思考、分析和解答。具体如下：

（1）对象分析：企业生产什么产品？车间生产什么零配件？

（2）目的分析：为什么生产这个产品，能不能生产别的，到底应该生产什么？如果现在这个产品不能获得利润，是否可以换一个利润更高的产品生产？

（3）场所分析：生产是在哪里进行的？为什么在这个地方进行？是不是可以换个地方？到底应该选择什么样的地方？

（4）时间和程序分析：现在这个工序或者零部件是在什么时间生产的？为什么在这个时间生产？能不能在其他时间生产？能不能将下一道工序提前？到底应该在什么时间生产？

（5）人员分析：现在这个事情是谁在做，为什么让他做？如果他无法胜任，是否可以换个能够胜任的人来做？

（6）方法分析：当前我们采用的是什么工艺方法？为什么采用这种方法，它有什么优势？是否可以采用别的方法？

（7）预算分析：更换执行人、负责人，或更换执行地点、方法，大概要多少预算？企业是否能够承受这笔预算？是否可以减少预算？

如果每次找出流程病灶之后，企业管理者都能从以上七个方面进行自问和思考，就可以比较轻松地针对流程病灶制订解决方案了。

阅读思考：

（1）为什么在寻找流程病灶之前，要全面分析公司整个流程当前存在的问题，即使是一些细节问题也不容忽视？

（2）在运用5W2H法针对流程病灶制订解决方案时，通过思考七个方面的问题有什么好处？

3. 梳理流程思路，确保衔接畅通

企业进行流程化管理时，经常遇到的一个问题便是如何进行流程梳理。所谓流程梳理，指的是围绕企业的内部要素与外部要素，对整个企业的业务特点和管理现状进行深入细致的分析、整理、提炼，明确管理的关键点、重点要解决的问题、可能的解决方案、解决的程度、实现的可能性等。

由于各个企业的情况不同，工作重点也不尽相同，因此，所有的流程梳理并没有一个统一的模式与标准。根据我们以往的工作经验，我们认为流程梳理应该包括以下几个方面的内容：

（1）建立项目团队，明确工作目标，制订项目实施计划和预算方案。在做这方面工作时，企业高层应给予工作小组充分的授权，保证工作小组能够顺利开展工作。毕竟在工作过程中，有可能涉及部分人的既得利益而出现阻力，因此，高层的授权十分重要。

（2）认清企业目标，对企业整个流程进行全面的调研。进行流程管理首先就要明确需要达到什么样的目标，只有认清目标才能准确而有目的地进行流程梳理工作。流程调研要求我们摸清企业所有的流程环节，深入了解企业的运营模式，总结出企业的流程准则。

若想达到较好的流程调研效果，企业最好聘请第三方咨询公司来做调研，再让熟悉公司业务的人员辅助咨询公司。因为流程调研、梳理等工作是对企业自身的一次全面剖析，是一个发现问题、解决问题的过程。如果让企业自己的人员来调研，往往会出现"不识庐山真面目，只缘身在此山中"的现象，难以客观、公正地调研。而第三方咨询公司的参与，恰好能弥补这方面的不足。再者，第三方咨询公司的调研方法更为专业，能够更好地完成流程调研、梳理的工作。

（3）从原来的业务流程中提炼出与企业现状相适应的新的流程。做好这个工作要求企业有完整的流程图，并清楚描述各流程所对应的部门、人员、表单等，定义各环节工作的具体内容，明确各流程的控制点等。在修改流程、制定新流程时还需要与各部门相关人员充分讨论，听取各方面的意见，以减少流程落实的阻力。

（4）评估新流程的效果，持续优化流程。流程梳理与改进工作完成后，企业还需对流程的实施状况和效果进行持续监控评估。看是否达到了当初企业所设定的目标，并且流程在运作过程中，还会出现不同的变化情况。因此，企业还要持续优化流程。因此，流程梳理与改进并不是一蹴而就的，而是一个持续不断地梳理、改进与优化的过程。

在实施流程梳理时，企业可以采取以下步骤（图12）：

图12　流程梳理步骤

第1步：现状描述

现状描述就是全面了解企业当前的运营状况，这一步的作用在于：

（1）明确企业存在的各种流程并做出规范说明，使这些流程更加具体。

（2）通过对企业流程的了解，理顺各部门之间的协作关系。

（3）为后面的流程优化做准备。

第2步：关键流程的确定

关键流程指的是企业的核心流程，其他流程都是为核心流程服务的，是核心流程的子流程。要想确定企业的关键流程，只需要明确企业的业务模式、各部门的流程图、整个企业的流程总图，就可以清楚地找出哪些是关键流程了。

第3步：流程的结构梳理

流程的结构梳理指的是对企业主要流程方面的改进，以便加强各流程之间的衔接，或通过增删一些流程环节，提高工作效率，或重新定义流程的控制点。特别在信息化背景下，流程管理普遍都要求实现控制点的转移，如何设定控制的权限，是流程梳理工作的重点，也是这项工作的难点，这要求与部门领导和公司高层进行充分的沟通交流。

第4步：流程内部的环节梳理

流程结构梳理是指流程各环节之间的优化，流程内部环节梳理则是指对流程内部步骤的梳理，梳理的原则是效率与控制并重。由于各企业流程千变万化，因此，具体怎么进行流程内部的环节梳理，还需结合企业实际情况而定。

第5步：推行梳理后的流程

在流程梳理工作结束后，就可以通过与相关部门人员进行讨论等方式，把流程观念灌输给相关人员，争取得到他们的理解与支持，以便顺利实施梳理后的新流程。

阅读思考：

（1）为什么流程调研时最好聘请第三方咨询公司来做？企业自己的人员做流程调研有什么弊端？

（2）怎样确定关键流程？需要借助什么来确定关键流程？

4. 精简冗繁程序，提高流程效率

希腊神话中有这样一个故事：

柯林斯国王西绪福斯由于背叛了宙斯、欺骗了死神哈迪斯，最后受到了诸神的惩罚——被打入地狱，并被罚将一块巨大的石头推向山顶。这块石头非常重，每当西绪福斯快要将它推到山顶时，它就会滚落下去，西绪福斯只好重新往上推。就这样，反反复复地推石头，最后还是没有将石头推上山顶，可西绪福斯却累得筋疲力尽。从此，人们把这种毫无效果、令人疲惫的工作称为"西绪福斯的工作"。

在企业流程管理中，也存在类似的现象。由于流程不够精简，流程运转不够高效，员工经常在做一些无价值、无意义的重复劳动，这不但没有效果，还极大地浪费了企业资源，把大家弄得疲惫不堪。很多企业都存在流程复杂、执行效率低下的问题，就连赫赫有名的美国谷歌公司也存在着这样的问题。

谷歌是一家实力雄厚的世界500强企业，它给员工提供了良好的工作环境，进入谷歌工作是很多人的梦想。说到进入谷歌，就不能不谈它的招聘流程，接下来我们就以谷歌的招聘流程为例，来看看这个流程是否冗繁低效。

据说，谷歌每年都会收到100万份简历，他们通常会录用4000～6000人，如何从100万人中挑选出4000多人呢？谷歌有自己的人才筛选和招聘流程。

第1步：求职者简历审查

每一份简历，招聘人员都会严格审查，再根据求职者的技术能力、受教育程度和工作经验来判断是否合格。

第2步：电话通知求职者

如果觉得你合格，招聘人员会给你打电话，并在电话里解释为什么觉得你合格，让你知道应该有什么期望。如果你应聘的是技术工程师的职位，对方可能问你 SAT 分数（美国高中生进入美国大学所必须参加的考试）和大学 GPA（平均成绩点数）。

第 3 步：第一轮面试

第一轮面试，每次面试只通知 4 ~ 5 人，每个人的面试时间是 45 分钟。如果应聘的是工程师职位，你可能要回答现实的技术问题，或者通过编程解决某个问题。你也可能会被问到一些古怪的问题，比如"清洗西雅图所有的窗户，你会收多少钱？""一天里表针重合多少次？"等。

第 4 步：面试反馈表生成

每个面试官都要将他们对求职者的印象用表格的形式记录下来，并对每个求职者进行数字排名。然后将这些求职者的简历与现有的员工简历进行匹配，如果发现某个求职者与公司的某个员工曾就读于同一所学校或在同一公司就职过，便会向公司的这位员工询问那位求职者的相关情况，让他对求职者做出评价。

第 5 步：招聘委员会审查面试反馈表

招聘委员会里都是经验丰富的高级主管，他们了解公司哪些工作需要处理，哪个职位空缺，以及对求职者有什么能力需求，他们将审查所有的面试官填写的反馈表格和求职者的简历。

第 6 步：中层管理人员面试

通过招聘委员会审查的求职者，可以进入到第二轮面试，这次面试官是中层管理人员。

第 7 步：薪酬管理委员会评估

对于通过中层管理人员面试的求职者，薪酬委员会对其进行评估，对照求职者期望的薪酬与企业能够提供给这个求职者的薪酬，看看两者之间的差距有多大，以考虑是否录用。

第 8 步：高管面试

这是最后一个环节的面试，通过了这道关，求职者才会被录用。如果你被录用了，通常会获得非常优厚的待遇。

看看这个招聘流程的 8 道关卡，是否有可以精简的环节呢？事实上，这已经是精简之后的招聘流程了，谷歌曾经的招聘流程中，仅面试就多达 29 次，如今的这个招聘流程是经过了 4 ~ 9 次精简之后的结果。

当然，我们无法评判谷歌这个招聘流程是否已经精简到了不可精简的地步，但从谷歌曾经烦琐的招聘流程到现在的招聘流程，我们可以认识到流程精简的重要性。只有不断精简流程，才能降低执行阻碍，提高工作效率。

那么，流程中什么样的环节要撤销和精简呢？

1. 精简冗余

去除流程中的冗余环节，让工作流程的各个环节得到精简，是优化工作程序、提高工作效率的必然之举。这就需要做好以下两方面的工作：

（1）发现和去除流程中缺少价值的环节。如果流程中各个环节结束后不能创造出预期的价值，那么这个流程就没有任何存在意义，继续存在下去只会消耗更多资源。只有删除那些冗余的流程，才能将有限的资源投入其他流程中去，在总体上缩短流程周期。

（2）剔除流程中的多余环节。分析流程网络图，利用流程进行内部控制分析。即确定一个控制目标后，根据内部控制目标来确定关键的内部控制程序，再分析这些关键的控制程序，确定其是否存在重复之处，是否存在优化的可能。一环扣一环地分析下来，冗余和重复的环节也就无处藏身了。

这里需要注意的是，对流程进行内部控制分析时，流程设计者必须注意充分考虑到企业的内部控制环境，如果企业内部控制风险相对较小，就应适当减少控制程序；同时，注意测试流程的实际执行情况。

2. 合并同类项

如果当前的工作环节皆不能被取消，那么，管理者就会考虑将各个环节适当加以合并。所谓"合并同类项"，是指将两个或两个以上的事务或环节合为一个。合并同类项，一般包括以下三方面的内容：

（1）合并上下环节。即将一项任务的多个环节分别交给几位执行者，这可以加快企业内部物流和信息流的速度。但是，从上一个环节到下一个环节的交接过程，也可能是一次发生错误的节点，所以，为避免出现交接时的失误，可将多个环节的工作任务交由一位执行者全权负责。

（2）合并任务相似的环节。即将任务相同或相似的环节并轨，由一位执行者来完成，最大限度地减少人力和时间浪费。

（3）借助信息技术整合环节。如很多企业引进了信息管理系统，这可以有效减少差错，缩短时间。

3. 合理排序

合理排序，即合理安排流程各环节，保证衔接畅通。对于这一点，主要包括以下两个方面的内容：

（1）衡量各环节安排的合理度。可通过"何人"、"何处"、"何时"三个问题，确认流程中各个环节的安排是否合理。一旦出现不合理之处，立即推倒重来，以使各个环节保持最佳的顺序，保证工作环节的有序性。"何人"、"何处"、"何时"三个问题及其说明详见表2。

表2 "何人"、"何处"、"何时"三个问题及其说明

问题	说明
何人	（1）该环节由谁操作？ （2）操作技能是否娴熟？ （3）该环节是否是该员工最擅长的？ （4）岗位与员工能力是否相匹配？ （5）如果让熟悉第一环节工作的员工从第二环节调回，可以节省多少时间？
何处	（1）各环节的操作场所之间距离远近如何？ （2）是否便于工作交接？ （3）如果将某环节的操作场所加以调换，是否可以使工作交接时间更短？ （4）调整设备仪器的摆放位置后，操作者使用起来是否更方便、时间更短？
何时	从第一个环节开始至最后一个环节结束的时间，包括在各个环节之间的移动时间、加工时间及由于机器故障、部件无法供给等问题引起的延迟时间分别是多少？时间安排是否合理？

（2）理清逻辑顺序。工作流程中可能只有几个环节，也可能有数以百计的作业环节。如果对各环节排序不当，那将造成工作秩序的极大混乱，无形中延长作业时间。因此，管理者必须注意避免和调整出现等待或混乱的状态，具体方法是减少等待，了解各环节完成的时间，提前处理被等待的环节，保证各环节不必被等待即可直接进入下一环节。

阅读思考：

（1）你认为谷歌的招聘流程足够精简吗？如果非要让你来精简这个流程，你会将哪些步骤的工作精简掉？或是将哪几个步骤的工作合并为一项？

（2）除了精简冗余，合并同类项，合理排序，你认为还有什么方法可以让流程更精简、更高效？

5. 控制过程质量，有效防错纠错

确保流程每个环节工作执行的质量，直接决定了整个流程的执行力。公司是一个系统，是一个巨大的流程。其中每个环节的工作，都会影响到后续流程的执行效果和流程最终的执行力。因此，控制好流程执行过程中每一道环节的执行质量，有效地防错纠错，对流程管理的效果十分重要。

如果前道流程没有控制好质量，到了后道发现出错了，再去补救，那么补救的成本就会非常高，往往是事倍功半。所以，不要等到后道出了问题再去补救，而应该保持谨慎的质量把关态度，在前道就彻底地控制好产品生产质量。

有一家专门从事包装瓦楞纸箱生产的公司，其产品质量一直非常过硬，深得客户的信赖，是众多知名企业的长期合作伙伴。这家公司的产品质量之所以如此过硬，与他们曾遭遇的一次产品质量问题有很大的关系：

2014 年 3 月，该公司开发了一家新客户，这个客户每个月的外包装箱用量在 20 万只左右，首批试单产品 1 万只，下单时间为 3 月 22 日，交货日定为 3 月 25 日。该公司接单之后，按照正常的生产流程进行排单生产。

然而，在半成品生产的过程中，由于生产操作人员习惯性地操作，导致用料错误。更严重的是，这个错误到了 3 月 24 日下午才被发现，公司决定重新补产，因此正常交货已经不可能了。生产部门把这一情况反馈给销售部门，销售部门马上与客户进行了沟通，客户同意延期一天交货。

补料后，在 3 月 25 日的最后一道工序——印刷工序的过程中，由于操作人员没有按照要求对印版进行擦拭和抽检，导致没有及时发现印刷内容模糊不清的问题。这样一来，交货时间再一次被耽误了。

无奈之下，销售部门只好再次与客户协商延后一天交货。客户得知此消息后，非常生气，并称如果因为交货延后导致他的客户投诉、取消订单、要求赔偿，所有的责任由这家包装瓦楞纸箱生产公司负责。

最后，该公司的营销总监亲自去客户公司进行协商，客户才勉强同意延后一天。为了保证产品生产不再出现差错，公司立即决定安排专人全程进行质量监控……

在这个案例中，由于员工没有做好前道流程，导致后面产品质量出了问题，不得不重新选料生产，这便导致了交货时间延后，影响了客户对公司的信任。

从表面上看，上面案例中所反映的是一起简单的质量事故，但它背后深层的问题是缺乏有效的过程控制。主要有以下几个问题：

（1）对开发的新客户没有足够的重视。既然客户的订单量比较大，有开发价值，那么对于前期的产品，应做好相应的订单审评工作，把生产的路线和要求确定下来，让员工按流程去执行。

（2）没有按照生产流程的要求对产品做好首检和抽检工作。首检是指通过对头几件产品进行质量检验，确定没有质量问题之后，再进行大批量生产。抽检是指在确定工序的稳定性之后，通过抽验检查进一步掌握产品的质量动态，确保产品质量。

（3）过程质量控制不合理。产品过程质量控制不应该由生产部门自己来进行，因为这样很容易出现质量失控的状况，而应由独立的质量检查监督部门进行监控。

（4）员工把自己的工作习惯、经验当成生产操作的标准和依据，而没有按照标准化的流程来执行，导致生产的产品质量得不到有效的保障。

针对企业中存在的质量把控问题，要想彻底避免这些问题再次发生，有必要从以下几个方面对质量进行有效的过程控制：

1. 对流程进行科学评估

流程设计是流程管理的基础，流程是否符合企业实际，是否简洁高效，不能只是设计者说了算，必须经过评估，通常来讲，必须经过3道评估关口，分别是岗位代表评估、主管评估和企业负责人评估，各有侧重，不能互相替代。

流程参与者岗位代表评估是流程设计评估的第一关。主要评估该流程是否符合企业实际、是否可操作、是否简洁。流程设计者一方面要听取岗位代表意见，另一方面还要引导他们大胆反思现行做法的不足，鼓励参与者提出进一步简化的建议，彻底扫除操作上的障碍。

2. 严格按照生产工艺的流程来生产

产品的生产加工必须有一个标准化的、严格的生产操作流程，员工必须遵守这个流程。因为产品制造的过程是产品形成的直接过程，产品质量是好是坏，直接取决于过程中的每道工序是否合格，任何一个工序出了一点小问题，就很可能导致产品质量不合格。与此同时，企业还有必要提高生产操作人员的操作技能，把生产过程中的关键环节抓好，把影响产品质量、生产效率的隐患消除，从而保证生产队伍持续稳定地生产出高质量的产品。

3. 合理地设置质量控制环节

产品质量得以保证有一个重要前提，那就是有合理的质量控制点。比如，原材料的进货检验、半成品的抽样检验和成品的最终检验等。其次，针对各个重要的质量控制点，企业要设置质量控制人员，并确定各级主管为第一责任人。值得注意的是，质量监控人员必须独立于生产部门，归属质管部的最高领导管理，这样才能真正起到质量控制的作用。

产品质量是流程管理中非常重要的一个环节，只有把控好这一关企业才有生命的延续，每个企业管理者应该深刻地意识到这一点，了解并且坚决地去贯彻流程。

阅读思考：

（1）为什么说越是流程的前道环节，其执行的质量越重要？

（2）流程的各个环节都是紧密联系的，牵一发而动全身，在这种情况下，你认为怎样才能确保整个流程的执行质量？

第五章
把控流程，各个环节都有责任人

有好的流程却没有好的执行力，往往是因为没有把控好流程。所谓把控流程，就是流程的每一环都要有负责人，通过工作到人、目标到人、责任到人的"三到原则"，让流程的每一环节都有专人负责、专人把关，大家各司其职，做好流程职责内的工作，这就是流程执行力。

1. 优化岗位职能，让员工做事有章可循

麻雀虽小，五脏俱全。有些企业规模不大，员工不多，但该有的部门都有。可悲的是，部门职责没有明确，在执行中出现"等"、"靠"、"看"的现象。等别人执行，靠别人执行，看别人执行，就是自己不执行。出了问题之后，各部门之间相互推诿，相互诋毁，就是没有人愿意承担责任。中小企业如此，大企业就更不用说了，职责不清，遇事推脱、推诿的现象更加严重。

有一次，我跟几位企业高管闲聊，其中一位高管经营着一家五金公司，他表示自己公司员工责任推诿的问题特别严重。

他说：前段时间老板交代下个月的销售目标为 600 万，老板把这个任务下达给他，他又把这个任务下达给销售部门、采购部门、生产部门。把任务交代下去后，他告诉各部门负责人，他会随时来检查工作进度。

一切都按照计划在进行。然而，快到月底的时候，问题出现了，销售部门没有产品，采购部门原料不足，而生产部门因原料不足而无法正常生产产品。因此，当月的 600 万销售目标没有完成。

很自然地，他成了这次任务未完成的主要负责人。他把各个部门的负责人召集起来，想找出其中原因，但是各部门相互推诿，纷纷指责他人。销售部门的负责人和生产部门的负责人把矛头都指向采购部门，认为责任是他们的。如果他们能及时提供原料，生产就不会中断，就有产品可供销售。

采购部门的负责人一脸委屈，说之所以原材料不足，是因为财务部门的资金没有及时到位。财务部门听了这话，双手一摊，表示很无奈，说之所以资金没有及时到位，是因为销售部门前期的销售款没收回来，导致公司流动资金有限。

总之，各说各有理。这位高管也很迷茫：对于这次任务未完成，到底该由谁负责呢？如果找不出其中的原因，下次是否还会出现同样的问题呢？

其实，导致员工在责任承担方面相互推诿的原因有很多。比如，员工职业素质不高，责任意识不强，没有团队精神，没有面对错误的勇气等。但最根本的原因还是职责划分不清，导致有些工作既由这个部门负责，又由那个部门负责，最后谁也没有负责。出了问题时，员工见有漏洞可循，就借以推诿责任。

当某一事件或问题产生时，在原有的责任追究体系下，员工的潜在意识是将自己从责任区域内抽离开来。如果事先没有划分明确的职责，那事后必然会给员工推诿责任提供空间和条件，助长责任推诿这一现象的产生。因此，如果想防止员工推诿责任，就必须优化岗位职能，让每位员工做事有章可循，这样出了问题才有评判对错的标准。

怎样优化岗位职能，让员工做事有章可循呢？管理者可以参考以下几点：

1. 在岗位说明书中明确地划分各部门、各岗位的责、权、利

为什么有些员工不认为某些工作是自己的职责范围内的工作？为什么出了问题，员工会推卸责任？因为他们自始至终认为那些工作不该由自己负责，即使事实上应该由他们负责，但由于岗位说明书中没有明确规定，他们也会假装不知道。

对于这种情况，管理者还真没有理由指责员工，因为谁叫公司没有清晰的岗位说明书呢？管理者唯一能做的，就是完善岗位说明书，在岗位说明书中明确地划分各部门、各岗位的责、权、利和工作关系，用制度规范岗位职能，防止扯皮现象发生。

2. 建立二级流程，规范各部门做事的顺序、标准、方法和工作交接原则

为了更好地落实岗位职责，企业还需在流程方面做文章，比如，建立二级流程，规范各部门做事的顺序、标准、方法和工作交接原则。以招聘流程为例，它涉及用人部门和人力资源部门之间的沟通、工作配合和交接。

首先，用人部门提出用人申请，并将申请递交人力资源部门，由人力资源部门负责审查。审查通过后，人力资源部门负责招聘、初试。初试通过后，人力资源部门应与用人部门沟通，向用人部门反馈求职者的情况，再由用人部门负责复试。

在这一系列的工作中，用人部门与人力资源部门应该遵守做事的顺序、标准、方法和工作交接原则。双方顺畅配合，如果哪个环节出了问题，立马就可以找到那个环节对应的负责部门或个人。在这种情况下，看谁还敢理直气壮地推诿责任？因为制度层面已经没有漏洞让人有机可乘了。

总之，把控流程的有效方法首先是优化岗位职能，消除企业各部门间的真空地带，打破部门间的壁垒，防止职责不清、人浮于事、扯皮推诿、执行不力等顽疾，从而达到企业运行有序、执行效率提高的目的。当企业的每个流程的每道工序都交代清楚了，每个员工都明确了自己所负责的这道工序具体要做什么事情，什么事情该自己做，什么事情由别人做时，就很容易保证流程的完美运行。

阅读思考：

（1）造成扯皮推诿、执行不力的现象主要有哪些原因？

（2）为什么优化了岗位职能，明确了做事的标准和规则，就可以消除扯皮、推诿现象？

2. 明确岗位职责，确定各岗位的工作内容

工作如何落实到人，这是企业管理的关键，也是把控流程的关键。企业管理中出现的很多问题，譬如办事拖拉、效率不高、执行不力等现象，其实都与岗位责任人对岗位职责不清有关。而要想避免类似问题，最好的办法就是明确岗位职责，让每个人都清楚自己的工作内容。

以项目管理为例，如果各岗位上的员工对自己的职责不明确，一方面项目经理难以恰当地管理项目组成员。由于项目部重要岗位的职责不清，项目经理在将项目中的具体任务分配给成员时，就缺乏合理的依据，直接影响项目组内部的运作。

另一方面，项目经理与其他部门之间难以协调。在对派往项目部的人员的管理上，由于项目经理与职能部门经理之间的权责划分界定不清，因而其在人员调动、考核、分配等方面就容易出现矛盾。另外，职责不清也导致项目组内部在出现问题时，下属互相推诿。项目经理无法制定绩效考核标准，使项目经理缺少管理项目部人员的手段。

可见，明确岗位职责，确定各岗位的工作内容多么重要。岗位职责是指一个岗位所要求的需要去完成的工作内容以及应当承担的责任范围。这实际上就详细告诉了管理者在工作中，如何安排调派员工，同时告诉了员工该做什么，能做什么。当员工都按照自己的岗位职责工作时，自然就能落实到位了。

那么，如何确定岗位职责呢？最常用的方法就是从分解企业战略目标开始，以流程为依托进行工作职责分解。换句话说，就是通过战略分解得到职责的具体内容，然后通过流程分析来界定在这些职责中，该岗位应该扮演什么样的角色，应该拥有什么样的权限。具体方法和步骤如下（图 13）：

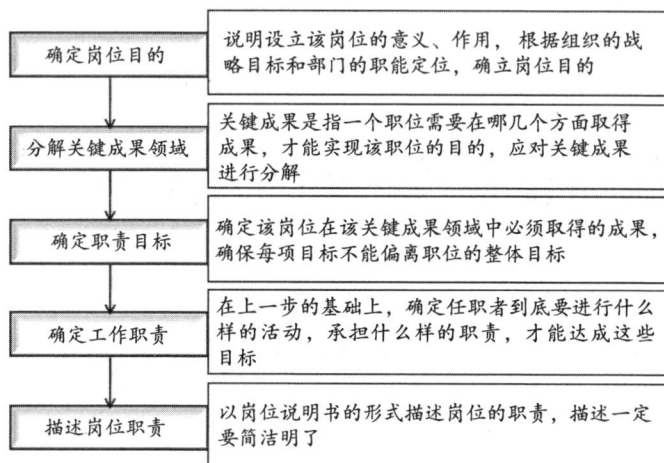

图13　确定岗位职责的步骤

企业管理者在以上工作的基础上，进行职能细分和流程梳理，才能搞清楚该岗位承接的事项和承担的工作，明确每一岗位的工作内容和责任范围。下面是某企业客服经理的岗位说明书，仅供参考（表3）。

表3　某公司客服经理岗位说明书

某公司客服经理岗位说明书		
岗位名称：客户服务经理	所在部门：客户服务部	
直接上级：总经理	直接下级：客户服务主管	
内部协作：市场部、生产部、设计部、采购部、财务部及仓储部		外部协作：外部客户
岗位职责	制定并推进实施客户服务战略、客户服务方案，有效地管理客户服务部，督促和指导客户服务部，提高服务品质	
职责与工作内容	职责1：负责制定客户服务部产品发展战略及发展目标	
	工作内容：了解同行业发展动态及客户要求；制订本部门工作规划、经营计划及各阶段工作目标分解；组织、监督实施客户服务方案	
	职责2：负责组织客户服务团队建设	

职责与工作内容	工作内容：进行客户服务人员日常管理，审核、审批人员需求申请；组织客户服务人员培训，拟订部门培训计划，提高其工作能力；主持制定、修订客户服务人员主要工作流程和规章制度；推荐客户服务主管的最佳人选，报总经理批准；指导、检查和考核部门员工日常工作
	职责3：负责内、外部协调工作
	工作内容：对内负责与内部各部门进行业务沟通与协调；对外负责协调公司与各客户之间的关系，对客户满意度及忠诚度进行调查、分析、改善和跟进；跟进、处理公司发生的重大投诉和重要客户投诉
	职责4：负责监察客户服务重点活动
	工作内容：处理重大客户服务投诉案件；跟踪客户投诉处理结果
	其他职责：遵守公司的规章制度；完成上级交办的其他工作

在企业管理中，企业各部门会伴随着企业的发展变化而变化，各部门的职责也会发生一定的改变。因此，如果岗位职责依然不变，就无法适应企业的发展。所以，想要把控流程，就必须转变观念，转变思维方式，将职责划定到具体的工作岗位上。如果不能落实到岗位的职责，就是虚伪的职责，扯皮推诿、职责不清的根源就在此处。

管理者在进行岗位职责管理时，必须注意以下几个问题：

1. 重新审定组织结构和职责划分

在企业经营中，管理者必须根据企业自身的战略，科学合理地审定企业管理结构和职责划分。比如，一些企业发展过快，但是管理跟不上，特别是组织结构设置不合理、人员配置不到位，作为管理者，就必须要求人力资源部了解组织结构滞后、职责切分混乱的真实原因，为企业的组织结构调整和各级职责进行划分提供科学的根据。

2. 运用科学合理的原则、标准和工具进行职责划分

管理者必须运用科学合理的原则和标准设计组织结构和职责划分，还可以用职位分析等工具进行细致区分。通常，在确定部门和岗位职责划分时须遵守以下几个原则：

管理的幅度要合理。一般一个岗位的管理幅度应控制在 6 ~ 8 个，这样有助于管理者真正发挥管理职能。同级的岗位权责划分应相对均匀，避免职

责交叉。

为配合企业的业务需要，企业组织结构以及职权划分应注意有相对稳定性，但职责也应根据企业目标做出相应调整。

3. 权责划分应与企业的实际业务相符

以某企业"半成品质量检验流程"为例，该企业进行流程优化前，质量检验部门的权力相当大，只要某件半成品被判定为不合格，就不放行。这是因为它的责任"防止不合格半成品流入销售"，结果导致大量本可通过的半成品挡在一边，严重降低了效率，大大增加了成本。

很显然，该公司质量检验部门的权责分配存在严重问题。这里，真正的责任者应该是生产部门，因为是生产部门制造了不合格的半成品，减少不合格半成品的工作归结到最后还应由生产部门来做。质量检验部门的真正责任应该是"对半成品进行准确的检验"，然后将检验结果反馈给生产部门。这里的检验结果应该是一个具体的信息，即检验参数，而非简单的"通过"与"不通过"。生产部门需要根据质量检验部门的反馈信息对半成品进行检查，然后做出最终决策，并酌情对生产过程进行调整。

也就是说，在"半成品质量检验流程"中，生产部门应是决策者，对所做决策负责，质量检验部门是信息提供者，对所提供检验信息的准确性负责。

由此可见，导致权责不对等的根本原因是权力在部门或员工之间分配不合理，权责划分与实际业务不符造成的，即企业管理者没有找到责任的正确归属部门。

因此，在企业管理中，不论是部门之间还是员工之间，要想做到权责相应，必须考虑两个问题，一是在企业中哪个部门或员工最应该也最可能承担决策的直接后果？哪个部门或员工所拥有的信息最应该为其他部门采用、作为决策依据？解决了这两个问题，各部门才能真正实现权责对等。

阅读思考：

（1）确定岗位职责应遵守什么步骤？编写岗位说明书应注意什么？

（2）为什么岗位职责不能一成不变？调整岗位职责应注意什么？

3. 落实岗位责任制，谁的工作谁负责

任何一个岗位，有什么样的职权，就要承担什么样的职责，即权力与职责是相统一的。如果没有配备相应的权力，职责只能是纸上谈兵。如果没有履行好相应的职责，权力就成了毫无作用的工具。因此，有效的做法是落实岗位责任制，让每个人权责一致，权责对等，要求大家在什么岗位就要做什么事。谁的工作谁负责，谁的责任谁承担。这是企业把控流程的重要原则。

有一家炸药制造厂经常出现安全事故，厂长感到非常忧虑，他与安全工作的负责人谈话多次，也处罚过他们多次，还撤换了好几任安全责任人，但还是没有根除安全问题。

一天，厂长突然想到了一个办法，他把安全工作的负责人叫到办公室，对他说："公司近来安全问题频繁，公司决定让你全权负责安全问题，为了让你全身心地把公司的安全制度落实到位，做好安全监督工作，公司给你在厂区提供了一套房子，你把家人全部接过来住吧，也省得你每天在路上奔波。"

奇怪的是，自从安全工作负责人住到厂区之后，公司的安全事故少了很多。为什么会出现这么大的转变呢？这个问题的答案只有厂长和安全工作负责人心里清楚，因为负责人和家人都住进了厂区，厂里的安全事故会直接影响家人的安全，因此，他会更加负责任地做好安全监督工作。

不得不说，这位厂长落实岗位责任制的举措很绝妙。我们都知道，每一项制度的执行情况都涉及个人的利益。在厂长让安全工作负责人全家都住到厂区里后，实际上是将安全工作负责人的责任与家人的安危捆绑在一起。如果负责人还不把安全责任当回事，不把安全责任落实到位，一旦出了安全事故，他们家人的生命安全都会受到威胁。

从这个案例可以看出，在推行岗位责任制时，管理者有必要向员工明确责任与利益之间的关系，让员工清楚自己的责任，以及做好工作所获得的利益。同时，为了让员工做好工作，管理者不妨告诉员工你的期望和要求，如果员工达到了，他将会获得哪些奖励；如果没有达到，又会受到什么处罚。这些都应该让员工清楚明白，这样才能给员工压力和动力，使员工带着目标感、使命感去对待工作。

1. 企业落实岗位职责需要与权利相统一

职、责、权、利是每个工作岗位不可或缺的因素，岗位落实到人，就必须责任到人，放权到人。有责无权，工作难以取得成效；有权无责，容易导致权力滥用。因此，实行岗位责任制，有助于企业各部门工作的科学化、制度化，达到事事有人负责的目的。

2. 考核与奖惩相结合

很多企业都有岗位责任制，可并不是每个企业的岗位责任制都得到了落实和推行。因此，针对岗位责任的落实情况进行考核，并根据考核结果采取奖优罚劣的措施非常有必要。奖要奖得员工心花怒放，罚要罚得员工胆战心惊，以激励员工努力为企业创造价值，防止员工出现工作纰漏。

某电子产品企业在发展中遇到了一个困惑：旺季的时候，订单很多，但是工厂不能及时交货。该公司在绩效考核上想了办法，但并没有取得明显的效果。后来，公司管理者经研究，决定设立奖励基金和处罚措施，鼓励大家争先进，鞭策大家少犯错。

具体做法是，只要员工能保质保量地及时交货，就会有相应的绩效奖金。超额完成的越多，相应的绩效提成就越多。反之，如果未能及时交货，或交货的质量不达标，就会受到相应的处罚。

另外，企业各个部门都应该配合生产部门顺利生产产品。比如，采购部门要提供充足的原材料；维修部门要及时给生产设备做保养，确保设备正常运行。若每月生产部门完成了生产目标，采购部门、维修部门等都会获得相应的奖励。

岗位责任越明确，工作目标分解越具体，对员工的约束性和激励性就越强。尤其是配合了绩效考核和奖惩措施之后，这种激励性就更强了。员工清楚地知道，只要自己努力工作，完成了工作目标，就会得到相应的奖励；反之，如果敷衍了事，工作出了问题，就会受到相应的惩罚。这样他们就会充满动力，积极执行，不敢懈怠。

3. 岗位职责与培训相接轨

首先企业领导要重视，培训要与时俱进，夯实基础才能长治久安。针对现今企业职工老龄化和现代信息技术普及问题，企业应投入资金、利用青年人力资源、灵活运用时间，制定全面提高干部职工队伍政治素质和业务素质教育培训规划。针对每个人的特点和工作职责有计划地进行定期培训，使职工热爱本职工作、增强责任感，提高职工的工作能力、学习能力和操作能力，构筑企业新文化。

阅读思考：

（1）为什么当企业实行岗位责任制之后，能很好地预防员工推卸责任呢？岗位责任制的魅力何在？

（2）单纯地实施岗位责任制，却没有配套的绩效考核和奖惩措施可以吗？为什么？

4. 控制流程节点，让执行事半功倍

流程节点是流程管理系统中非常重要的组成部分，通常是指在整个工作流程中，若干个不同环节之间，或者是某一环节与另一个环节开始或结束的转接点（类别点或时间点）。它在整个流程中起着承上启下的作用，这一关键点如果处理不好，则有可能造成环节与环节上下脱钩，从而影响整个流程的质量。

举个简单的例子，在建筑施工的过程中，有个流程关键点就是商品混凝土的输送。如果运送得太早，混凝土容易凝固，同时运送混凝土的车辆要等候，既影响混凝土的质量，又耽误运送车辆的运送效率；如果运送得太晚，施工单位就会出现停工等料的情况，影响施工进度。因此，把握好混凝土的运送时间非常关键。

在这里，商品混凝土的运送就是该流程运作的一个节点，而且是一个关键点，如果运送单位能提供先进的设备，使商品混凝土的运送车辆与施工单位随时保持联系，那么两者的互相配合与协作，就能很好地促进流程的顺利运作。

可见，控制流程节点对于执行多么重要。然而，企业管理人员在制作工作流程图时最容易忽略这方面的问题，比如，缺乏计划性、规范性，以及可操作性等等。下面我们就来了解一下流程节点容易出现的几个问题（图14）：

缺乏必要的资源——完成某项工作必需的资源如果不具备，必然会影响工作的质量。例如某企业的厂内运输工作由配送中心负责，而运输车辆却由另一个部门负责，增加了大量的协调工作，导致前者实质上无法承担这一职责。

缺乏时间性——在流程中规定了节点工作的内容，但对于一些时效性强的工作却没有规定时间限制。例如在质量管理流程中，对于发现的质量问题多长时间内通知整改、多长时间内进行意见反馈都没有规定，使这一工作难以达到预期的效果。

要求过高——由于人员素质不够或培训不足等原因，导致某一工作超出岗位人员的现有能力。例如一些国企的环保监测等工作是由一些无法胜任其他工作而又不能辞退的"老弱病残"充任，新增的先进仪器因而无法被正常使用。

未尽职责——岗位人员在执行节点工作时没有尽到职责，这一问题需要深入了解实际工作情况才能发现。

缺乏足够的权限——赋予某一岗位的权限，不足以完成相应的工作。例如在某企业的 IT 耗材采购流程中，需要生产管理部门审核相关计划，就超出了这一岗位的权限，使得岗位人员根本无法承担这一工作。

缺乏计划性——在流程的起点容易出现这种问题，一些需要根据计划进行的工作在实际执行时变成了完全根据相关部门提出的需求进行，例如某企业的人员招聘流程，起点是各部门提出的人员需求，而没有按照人力资源需求的计划工作。

缺乏规范性——进行某一节点的工作缺乏明确的规范。例如某企业的工艺检查流程，没有规定检查的内容、频度、措施等，使得这一工作流于形式。

缺乏验收标准——对于某项工作缺乏验收标准，影响了执行的效果。例如对于某一生产的中间过程的控制，没有标准可依，导致最终产品的质量不稳定。

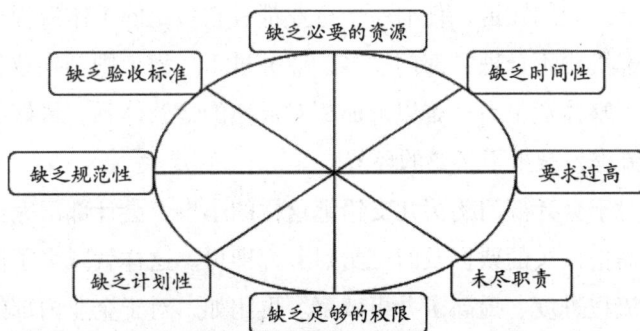

图14　流程节点执行中容易出现的问题

一般来讲，流程节点的问题仅通过分析现有流程图是很难发现的，需要深入结合流程运行的实际情况，了解流程运行的进度。因此，在对整个流程进行优化时，节点问题不容忽视。

那么，怎样才能有效地控制流程中的关键节点呢？

1. 识别流程节点

事实上，并不是企业中的每个流程都需要优化和改造，也不是每个流程都需要控制。有些企业在控制流程、改造流程之前，没有识别流程的关键点，而是不问青红皂白，对所有流程进行再造。这样做缺少针对性，是很难取得实效的。所以，在对某个节点实行优化前，一定要加以识别，看这个节点是否值得去优化，需要优化到什么程度，以及先后顺序，先控制哪个点，再控制哪个点，这个必须搞清楚。

当我们识别出流程的关键点之后，要做的就是有的放矢地去改造这个流程，目的是实现这个关键点的标准化、合理化操作，以便最大限度地提高执行的效率，从而保障整个流程的顺利运作。

识别流程节点的原则，是要看这个因素是否会对整个流程的运作产生深远的影响，是否能够最大幅度提高企业的效益，能够更好地满足客户的需要。如果得到的回答是肯定的，那么这个要素就是该流程的关键点；如果得到的回答是否定的，那么这个要素则不是该流程的关键点。

2. 避免多余的节点

在流程化管理过程中往往会产生很多多余的环节，从而造成了成本过高，产出过低。我们知道，任何一个企业都有它特定的工作流程，如果过多或过杂，内部机构不合理，部门过多，业务过于分散，则会导致各部门各自为政，削弱了整体竞争力，难以形成相对成熟的运营体系。最好的办法是规范企业运行流程，减少不必要的环节。

比如，对于会计部门购买几支铅笔这样的小事，会计部门完全可以自行去购买，只需把购买的票据及时交给财务部即可。这样就减少了不必要的环节，加快了流程进度、提高了办事效率。再比如，对于企业内部的小事务的审批，总经理完全可以放权给各流程的负责人，让他们代替他去审批，这样就大大减少了总经理的审批压力，也加快了批复的速度，从而提高了员工的执行力度。

因此，流程优化对企业内部管理非常重要。当一家企业内部管理流程优化之后，他们相应的工作效率就能提高，公司的人力、物力成本也会减少。

3. 逐层分级处理

有些企业实施流程管理之后，并没有取得相应的效果，问题可能就是流程混乱。举个简单的例子，某公司实施流程化管理之后，由于没有选定各个流程的负责人，导致公司80%的业务流程必须经过总经理的审批才能进一步实施。总经理每天忙到深夜，搞得身心疲惫不说，还严重影响了公司战略、管理机制的运行。这对总经理这种稀缺资源是一种严重的浪费。与此同时，公司很多重要的事务总经理也没时间和精力去关注，从而增加了企业决策方面的风险。

在这个例子中经理由于没有实施事务分级处理，对公司的大小审批事务一手抓，结果忙得晕头转向，还难以保证流程的流畅运行。由于企业过分实行流程化，近乎有些死板，导致审批环节过多，增加了企业流程的运行成本。

在现代企业管理中，这种现象并不少见。很多企业实施流程管理之后，并没有取得相应的效果，问题可能就出现在这里。要想避免这个问题，最好的办法就是事务分级处理。举个简单的例子，按照事务的大小，流程的执行者决定是向上级审批，还是自己决定，无须审批。

阅读思考：

（1）什么是流程节点？试着以某个工作为例，找出其中的流程节点。

（2）既然流程节点那么重要，那是不是流程节点越多越好？可不可以多设几个流程节点？

5. 实行层级负责制，每个环节都要对下负责

在流程把控上，层级负责制是一个不得不重视的问题。所谓层级负责制，指的是在流程的各个环节中，上一环节都要对下一环节负责。即要求工作在每个环节都不出问题，确保下一环节顺利开展。如果因为上一环节工作未做到位，导致下一环节工作无法顺利开展，那么，应追究上一环节负责人的责任。

关于层级负责制，我们可以用一个图来形象化地描述（图15）：

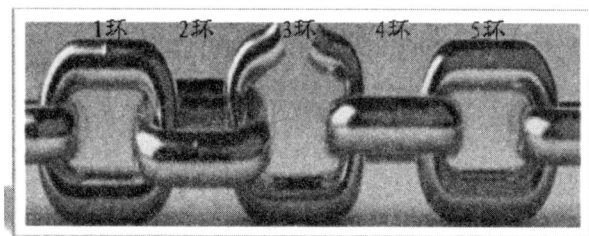

图15 层级负责制的形象化描述

在该图中，流程中的第3环出了问题，导致第4环、第5环的工作与整个流程脱轨。显然，第3环的负责人是罪魁祸首，应严厉追究其责任。

层级负责制，从本质上来说，充分体现了岗位责任制的内涵，它要求各个执行者各司其职，做好本职工作。具体来说，在实行层级负责制时，对于流程中各个环节的负责人，必须做到以下几点：

1. 把下一环节当作客户，用心做好服务

企业在为客户服务时，总是强调"客户是上帝"。可实际上，企业不只是有外部客户，还有内部客户。内部客户就是员工、同事，彼此都是对方的

客户。尤其是在流程执行中，前一环节的工作是为后一环节的工作服务的，前一环节的执行效果会直接影响后一环节工作的执行效果。因此，企业应强调流程执行中的服务理念，对于前一环节工作执行的效果，后一环节负责人有权进行评价打分。企业可以根据这些评价打分，综合评估前一环节负责人的"服务水平"，并设置相应的奖惩措施，以鞭策大家做好本职工作、用心地为他人服务。

2. 精益求精，力求做好每一环节的工作

层级负责制要求各个环节负责人做好本职工作，绝不允许敷衍了事，绝不允许带着"差不多"的心态对待工作。能把工作做到100分，绝不允许只做到90分；能把工作做到90分，绝不允许只做到80分。为什么要强调这点呢？

因为在执行中，如果前一环节的工作只做到了80分，那么第二环节的工作受到第一环节工作的影响，可能只能做到70分，第三环节的工作受第二环节工作的影响，可能只能做到60分。由此下去，最后整个流程的执行效果就会大大偏离预期。所以，任何一环节的工作都不允许有过失。

3. 追究责任，谁负责的环节出了问题就找谁

当流程进行到某个环节，当事人没有把该做的工作做到位，导致整个流程进展不顺利，甚至导致整个流程瘫痪了。这个时候，管理者应追究相应环节的责任人，通过沟通和调查，了解其工作执行不到位的原因。若是客观的、突发性的原因造成的执行不力，管理者应体谅员工，并引导大家从中吸取教训。如果是当事人主观原因造成的，比如，主观上不努力、工作态度不认真、不够细心等，那么应严厉地处罚，并教育当事人引以为戒。

4. 火眼金睛，分析后一环执行不力的原因

由于前一环节工作执行不到位，导致后一环节的工作执行效果受到影响。这种情况是流程管理中十分常见的。那么，针对这种情况，管理者到底该怎么处理呢？是否可以就此认定，后一环节负责人就毫无责任呢？对于这个问题，我们应该一分为二地来看。

如果当后一环节负责人发现前一环节工作未做到位时，他积极想办法弥补，努力提高本环节工作的质量，避免本环节工作执行效果只有70分，而

是努力做到80分，且真的做到了，那么，对于这种工作态度和行为，管理者应予以肯定和表扬，而不应该追究其责任。

如果当后一环节负责人发现前一环节工作未做到位时，他并没有积极想办法弥补，而是得过且过，本着"反正是前面一环工作没做好，与我无关"的心态去执行本环节工作。最后，本环节工作只做到了70分，甚至60分、50分。那么，在事后追究前一环节负责人责任的同时，还应追究后一环节负责人的责任。这样才能够有效地防止后一环节执行者找借口推卸责任、敷衍了事。

阅读思考：

（1）为什么必须确保每个环节都要对下一环节负责？这样做有什么好处？

（2）为什么要一分为二地看待后一环节执行不力？

6. 建立岗位问责制，谁出了问题找谁

为了把控流程，更好地将流程落实到位，我们提倡建立明确的岗位职责，实施岗位责任制。这样可以防止员工人浮于事、推卸责任、执行不力。可是，怎样才能确保岗位责任制顺利实施，并真正取得效果呢？这就离不开岗位问责制了。

岗位问责制的逻辑基础是有权力就必须履行职责，只要在权力范围内出现某种事故，就必须有人为此承担责任。从这个角度来说，清晰的岗位职责是问责制的前提。谁没有做好职责内的工作，就追究谁的责任。这样，才能让责任"归位"，让监督"强硬"，使大家树立一种高度的责任意识和危机意识。

岗位问责制有三个特点：

（1）它明确区分了各个岗位的责任，是谁的责任由谁来承担，想推卸责任，那是不可能的。

（2）它重点问责的是负有直接责任的领导者，而不会"一竹篙打一船人"，把所有的责任人同等处理，更不会"只拍苍蝇不打老虎"，只对具体执行者问罪。

（3）岗位问责制追究的是具体问题的具体过错，不问功劳苦劳，不搞将功抵过，这才是真正的赏罚分明。

对于企业来说，实施岗位问责制的意义非凡，对建立现代企业制度、提高各级管理者的责任感、强化流程执行等，都是十分有益的。在推行岗位问责制时，需要注意以下程序（图16）：

第1步：明确岗位责任

企业要对各个岗位的工作做出尽可能完备、细致的规定，要明确不同层级、不同岗位的责任，以便在实施问责制时，轻松地明确责任主体，也

让员工真正领悟自己岗位所负的责任、要做的工作，以及要把工作做到什么标准。

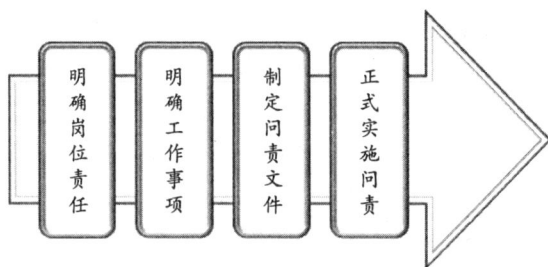

图16　推行岗位问责制的步骤

第2步：明确工作事项

对于年度工作，管理者应根据公司发展的规划，制定明确的目标和指标，比如，年度生产目标、销售目标、产品研发目标、安全质量目标等。对于日常工作，管理者应要求各部门将公司年度目标进行分解，分解到月、周，甚至是每个工作日，让每个员工都能明确每个工作日的工作事项。

第3步：制定问责文件

在问责文件中，首先要确定问责事项，即发生了什么情况或出了什么问题，需要启动问责程序；其次，规范问责程序，即规定在问责事项发生后，谁来启动问责程序，如何确定问责对象、如何调查、如何追究责任等；最后，要给被问责者充分的申辩权，在问责决议出台后，允许被问责者在一定时间内给自己申诉。

第4步：正式实施问责

无论是在年度考核中，还是在日常监督检查中，只要发现了问责事项，相关部门就应该依照问责文件中的规定，立即启动问责程序，依据岗位职责和工作事项确定问责对象。而且不仅要问责当事人，还应问责管理者，更应对事故进行反省。要研究产生事故的根源，看问题究竟出在哪个环节？是制度缺陷，还是执行不力，还是监督不到位？

为了更好地配合岗位问责制的落实，企业还需加强配套制度的建设。企业应本着与时俱进的原则，对现有的规定、制度进行修改和调整，尤其要修订员工处罚条例、安全质量管理办法。另外，企业还应积极营造问责文化，管理者应带头大力倡导并实施问责制，从而引领大家认可岗位问责制、遵守岗位问责制。

岗位问责制的本质是一种监督。在问责时，要打破砂锅"问"到底，要把责任弄明白。问责时，要充分考虑权责对等，多大的权担多大的责。与问责对应的是责罚，责罚不能走过场、流于形式，而要坚决落实到位。问责的时候，不仅要追究当事人的责任，还要进一步追究管理者的责任，通过责任连带制引导管理者积极监督下属执行，避免平时不监督，出了问题才重视的情况。

在具体事实岗位问责制时，需要注意以下两点：

1. 问责事项要抓住问题的根本

在实施岗位问责制时，切不可不分问题轻重大小，统统拿出来问责，这样做只会导致恶性事件隐藏在众多的问责事件中。要知道，人无完人，任何人在工作中都难免会犯错误，如果都拿来问责的话，一方面会严重拉高问责的成本，另一方面将会出现人人被问责的荒唐现象，也会让问责失去严肃性。

所以，对问责事项必须设立门槛，只有那些事关全局、比较典型、比较严重、负面影响较大的事项或问题，才有必要拿出来问责。比如，年度工作目标未完成，且没有正当理由；重大决策方案未执行到位；决策不走程序，而是个人独断专行，导致决策失误；提拔人才违反了提拔程序、原则；发生重特大安全、质量事故等等。

2. 责任核定要过程与结果并重

在问责事项发生后，实施问责的相关部门不能只看事情造成的后果，还要看员工在处理事情过程中的态度和行为，看员工是否在努力弥补损失，是否隐瞒事故，是否以积极的态度对待自己的过错。

如果在问责事件发生后，员工尽他所能去弥补，且及时汇报情况，那么对他的处罚可以相对轻一些。如果员工表现出来的是不作为的态度，或试图隐瞒实情，那就应不折不扣地加以问责，甚至要加重处罚。

要记住一点，岗位问责制的目的不是为了问责而问责，而是为了通过问责教育和帮助员工，通过问责某些员工，激励全体员工。

阅读思考：

（1）为什么实施岗位问责制时，不仅要问责当事人，还要问责直接领导者？

（2）为什么要对问责事项设置门槛，有选择地问责？

第六章

授权到人，提升员工执行内驱力

全球第一 CEO 杰克·韦尔奇曾说过："管得少，就是管得好。"要想管得少，就必须学会充分而有效地授权。这不仅可以调动员工的积极性、责任心，还可以让员工有机会充分施展才华，提升员工执行的内驱力，更是把管理者从烦琐的事务中解放出来的有效策略。高明的授权就像放风筝，既让风筝在天空飞翔，又能掌握风筝的飞行方向，让风筝到达预设的地方。

1. 懂得授权，才能凝聚起团队的力量

现代管理学之父彼得·德鲁克曾说："每个管理者，都在抱怨没有时间，或时间被别人占用，而没有带来真正的效益。其实管理者的时间，天然不属于自己，而是属于组织。"在这种情况下，上司来找你是应该的，下属来麻烦你是应该的，同僚来打扰你也是应该的。作为管理者，要做的不是抱怨，而是想办法管理好自己的时间。

怎样才能管理好自己的时间呢？德鲁克建议管理者要学会授权，给下属发挥个人才能的机会，充分激发下属的工作热情，从而让自己从烦琐的事务中解放出来，让自己有更多的时间去做更重要的工作。

美国思科公司的总裁约翰·钱伯斯就是一位善于授权的领导，有人戏称他是史上最乐于授权的总裁，他自己也曾说过这样一句话："也许我比历史上任何一家企业的总裁都更乐于放权，这使我能够自由地旅行，寻找可能的机会。"

钱伯斯经常对下属说："最有能力的管理者并不等同于大权在握、搞集权统治，一群人总是能打败一个人的，如果拥有一群得力的助手，就有机会创建一个优秀的团队、优秀的企业。但如果你不敢把权力授予助手们，那么他们的才能便无从发挥。这样一来，你的部门的效益就难有提高，你的影响力也将受到影响，这对你掌权非常不利。"

钱伯斯认为，企业管理者根本不需要大包大揽、事必躬亲，关键在于合理地安排人员做事。他说："很久以前我就学会了如何放手管理，你不能让自己成为障碍，打造一个高增长率公司的唯一办法就是聘用在各自的专业领域里比你更好、更聪明的人，使他们熟悉他们要做的事情，要随时接近他们，以便让他们不断听到你为他们设定的方向，然后，你就可以走开了。"

在思科公司，高层管理者只负责确定战略和目标，建立公司所需要的文

化，然后将权力下放给部属，让他们去执行或在一些不那么重要的事情上做决策。这样一来，公司的许多事情相当于由最了解情况的基层员工决定，这就很好地保证了决策的质量。正是在这种授权文化之下，思科公司迎来了一个又一个高速发展时期。

每个人的时间、精力、知识和能力都是有限的，管理者不可能事事亲力亲为，要想提高企业效益，管理者就要学会授权，充分调动每个人去做擅长的工作。

哈佛商学院的管理学教授迈克尔·波特曾表示："领导者唯有授权，才能让自己和团队获得提升。"当你意识到下属有能力完成某项工作时，就应该赋予他们充分的自由和权力，而不是牵制他们的行动。这样才能充分调动他们的积极性、主动性及创造性，下属也才有机会大展身手，而不会因空间狭小、领导的不支持不信任而束手束脚。

那么，管理者通过怎样的授权才能凝聚起团队的力量呢？以下几点值得参考（图17）：

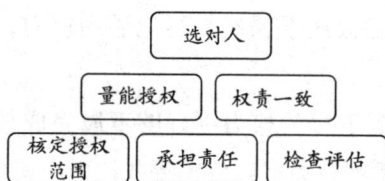

```
              ┌─────────┐
              │  选对人  │
              └─────────┘
    ┌─────────┐   ┌─────────┐
    │ 量能授权 │   │ 权责一致 │
    └─────────┘   └─────────┘
 ┌─────────┐ ┌─────────┐ ┌─────────┐
 │核定授权 │ │承担责任 │ │检查评估 │
 │  范围   │ │         │ │         │
 └─────────┘ └─────────┘ └─────────┘
```

图17　有效授权的要点

1. 选对人——让对的人做对的事

授权的关键是选择对的人做对的事，即将权力授给有能力做好相关工作的下属。怎样的下属才能称得上"对的人"？有所专长，且专长恰好能够胜任某项工作；对所授权的工作感兴趣；责任心强、有敬业精神，这样的人才是"对的人"。

2. 量能授权——根据员工能力合理分工

有效授权要建立在合理分工的基础上。要依据不同员工自身能力合理分工，科学放权。所谓合理分工，就是管理者把本级领导机构的职责权限在下属成员中依照各人的专业知识、工作能力、性格特点等综合因素进行合理分解、划定、委托。这就要求管理者要综合评估每个人的综合能力和素质，然后根据每个人的不同情况和特点，为他们找到最合适的岗位。

在合理分工基础上的放权艺术，是指管理者将具体的工作责任以及完成责任所应有的权力（特别是相应的人、财、物、事处置权）切切实实下放到各有关副职，使之真正有职有权。

3. 权责一致——明确职责和权力

授权的前提是明确职责，这也是做好授权反馈与控制的前提。授权者必须向被授权者明确授权事项的目标、范围和职责，明确被授权者的权利和应当承担的义务及责任，且避免授权中的重复。同时，授权者要给予被授权者相应的支持。

4. 核定授权范围——所受权力要能够满足下属完成工作

授权的程度是授权的一个重要因素。授权过少，往往会造成管理者的工作太多，挫伤下属的工作积极性。过度授权，则会造成工作杂乱无章，管理者放弃职守，还可能会使下属不恰当地滥用权力，这最终会使管理失去控制。

因此，授权要做到下授的权力刚好够下属完成任务，不可无原则地放权。管理者必须分清哪些权力可以放，哪些权力应该保留。一般来说，有关企业全局的重大责权，如战略决策权就不该下放。

5. 承担责任——要求员工对自己所承担的工作负责

权力永远不能脱离责任，因为责任一旦等于零，权力就会成为负数。授权不但要委任权能，更要委任一定职责，两者结合才能创造最佳的工作绩效。明确责任的方法很简单，就是规章制度＋授权协议＋职责说明书。

6. 检查评估——适当地监督和控制

授权不等于放权，更不是做"甩手掌柜"。在授权过程中，管理者既要下放一定的权力给被授权者，让其在一定范围内享有自由，又要对授权工作进行必要的监督和控制，给予必要的指导、考核，发现偏差，及时引导和纠正。

那么如何有效监控呢？一是通过完善的汇报制度来监控，并且在汇报过程中加强沟通。二是对阶段目标完成情况进行检查。三是设立专门的职能部门来进行监控，比如通过设立市场部，对销售部门的市场推进进行督导；通过设立品管部对生产部门的产品质量进行把关；通过设立审计部，对相关部门的费用发生情况进行监控。但监督与检查要有一个度，其作为企业管理的一个重要和正常的环节和手段，不能演变到"疑神疑鬼"的地步。

阅读思考：

（1）在选择授权对象时，除了看重授权对象的胜任力，还应看重什么？

（2）授权不等于放权，授权之后要适度监督和控制，这是不信任的表现吗？怎样避免被下属认为你不信任他？

2. 做决策、定目标，明确执行大方向

通用电气公司的杰克·韦尔奇有一句经典名言："管得少就是管得好。"这句话道出了授权的精髓，那就是只管少数重要的事情，不管大多数不重要的事情。换言之，管理者要负责做决策、定目标，明确执行大方向。更通俗地说，它是告诉我们要管头管脚，但不要从头管到脚。

管理专家彼特·史坦普曾经说过："成功的企业领导不仅是控权高手，更是授权高手。"授权，就意味着把 80% 不那么重要的事情交给别人去办，自己只做 20% 重要的事情。授权，也意味着尊重和重视员工的价值，这就给员工提供了发挥才能的机会，这样做将会充分激发员工的潜能，从而将工作做得更好。

德国文化媒体业巨头贝塔斯曼集团，在世界 50 多个国家和地区都有业务，下属企业多达几百个，业务涉及的行业包括电视、音乐、书刊出版、媒体服务等广泛领域。行业和领域跨度如此之广，贝塔斯曼集团是如何管理这些分公司的呢？

对于这一问题，贝塔斯曼集团总裁君特·迪伦先生是这样说的："我们公司实行的是松散式管理，每个下属企业在其企业内的人事、投资、产品等事务上都有自主决策权。总裁以及企业高管只负责拟定大方向，绝不过分干涉下属企业的具体经营事务。

"同样，每个下属企业的中层管理者，只负责给员工提出具体的目标，至于怎么实现这个目标，管理者们通常会对下属说：'努力去发挥你们的才智吧！'员工得到了上司的信任，他们的积极性被充分地调动了起来。"

从贝塔斯曼集团的管理模式中，我们看到了授权管理的核心原则，那就是分散权力、总揽大局。总公司把权力下放给分公司，分公司将权力下放给中层管理者，中层管理者将权力下放给下属，通过层层授权不断分散权力，

同时要求下属对上级负责、分公司对总公司负责，最终实现总公司的总揽大局。

美的集团创始人何享健，在对职业经理人的使用上绝对是一位高人。他经常强调：用人要授权，授权要有序。他既强调有效约束，更强调充分放权。在对事业部的管理方面，美的的放权也很彻底。在公司，只有 5000 万元以上的投资何享健才签字，5000 万元以下的都不用他亲自签字。

一位非常熟悉美的内部运作的同业人士指出，何享健的本事是指导领导者"能把职业经理人放得很远，又能收得很紧"。经理人在享受充分授权的同时，也接受着严峻的业绩考验。长久以来，何享健十分认可一些跨国企业的做法，经营单位两个季度未完成指标尚可原谅，第三个季度还没完成，经理人就要下课了。

聪明的管理者懂得抓关键，他们做自己该做的决策，定好公司的战略目标，即管头管脚。然后，在明确执行的大方向的前提下充分授权给下属。授权的过程就是分配工作、委派任务的过程，通过将目标分解、委派、授权给各个部门、每个下属，让每个人各司其职，最终达成公司的战略大目标。

管好"头"和"脚"有以下方法（图 18）：

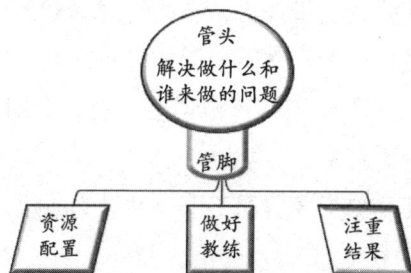

图18 管头管脚示意图

1. 解决"做什么"和"谁来做"的问题

我们强调，管理者要做好决策、定好目标，明确执行的大方向，而首要任务就是做决策，即解决"做什么"的问题。这要求管理者根据企业的发展方向，根据企业的实际状况来思考"做什么"的问题，并由此制定目标。然后，将目标传达给员工，使大家明白公司的战略目标。

解决"谁来做"的问题，就是选择合适的人进行授权，也就是委派工作。如何委派工作是一门高深的智慧，这涉及察人识人，涉及研判工作所需要的素质和能力，以便把工作委派给最能胜任的人。

2. 配置资源，让合适的人做合适的事

美国微软公司在项目开发上，效率之高令人惊叹，原因之一就在于微软的高层管理人员给项目小组配置了充分的资源，包括资金、人员、工具等。因为他们深知"巧妇难为无米之炊"的道理。

身为管理者，务必认识到：管理企业不是做官，而是做事。做什么事呢？那就是给下属搭建平台、提供资源，让他们在宽松、互信并能获得强有力支持的工作环境中发挥才能。正如韦尔奇所说："我的工作是为最优秀的职员提供最广阔的机会，同时最合理地分配资金。这就是全部。传达思想，分配资源，然后让开道路。"这样员工的潜能自然会迸发出来。

3. 做好教练，而不是上场自己比赛

看过体育比赛的人都知道，教练只能在场下指挥，而不能代替运动员上场比赛。企业管理者的角色就如同教练，应该多组织、辅导、制衡，而不能老想着自己上场比赛。现实管理中，有些管理者对下属的办事能力总不放心，于是代替下属去处理问题。殊不知，越是有问题，管理者就越应该放手让下属去面对、去经历。做错了，让他们去体会；做对了，让他们去感悟。这样才能培养人才、造就人才。

4. 注重结果，用工作结果衡量员工干一件事的成败

注重结果，用结果衡量成败，这是评判一个员工能力的唯一标准。就像越野比赛一样，只要把起点、终点和比赛路线确定下来，每个人都可以按照自己的方式去拼。谁快谁慢，为什么快、为什么慢，自然会看得清清楚楚。

比如，美国谷歌公司，在办公上采取弹性的工作时间：不规定员工上午干什么，下午干什么，甚至不规定员工几点到公司，几点下班。对于特定的任务，只给一个完成期限，具体过程由员工自行安排，最终以结果衡量工作

业绩。公司给予员工足够的空间，员工则回报极大的主动性和努力，形成一种良性循环。

阅读思考：

（1）为什么说"管得少就是管得好"？你是怎样理解这个观点的？

（2）要想管得好，在管得少时就必须有选择性地管，那么该管什么，不该管什么呢？

3. 根据下属专长授权，选对人才能做对事

选择最佳的授权对象，是授权管理的第一步。管理学大师杰夫曾经说过："善于发现人才还是第一步，只有真正用好人才，才能真正产生效益。"因为每个员工都有自己的特长和优势，只有把员工放在最合适的岗位上，把最合适的工作交给他们，他们才会发挥出最大的潜力，把工作做到位。

世界上最大的照相器材公司——美国柯达公司，在其发展史上，曾有一段时间先后更换了五位职业经理人进行企业改革，然而，由于用人不当，改革都以失败告终。接二连三的失败引起了柯达股东的极大不满，在强大的压力下，董事长凯伊·怀特被迫辞职，由乔治·费雪接任公司的总裁一职。

费雪是一名应用数学博士，他曾在贝尔实验室和摩托罗拉公司担任要职，他明白柯达公司所面临的困难，当媒体采访他，问他将采取什么举措扭转柯达公司的颓势时，他轻描淡写地说："柯达有自身的优势，我希望在公司现有的基础之上，寻求令人鼓舞的增长。"

费雪的回答被很多媒体认为他是一个没有真才实学的人，分析家格勒热更是认为没有人能扭转柯达的颓势，如果费雪做到了，那将是商业界的一大奇迹。

面对外界的不信任，费雪并没有垂头丧气，他上任之后，立刻放了"三把火"。首先，开展电子学产品业务，其次是压缩贷款，最后是加强企业产品宣传。正是这三大举措，帮助柯达一步步走出了困境。这时那些站着说话不腰疼的评论家们才意识到，柯达高层任用费雪这一决策是多么英明。

找到对的人并授权给他，这是最高深也是最简单的授权智慧。著名管理学家约翰·部德娜十分重视授权，她认为："找到有能力的员工广泛地分配工作，可以很明显地减少管理者的障碍。"授权是衡量一个管理者能力的标准，懂得将权力授给有能力的下属，是培养员工能力最有效的方法之一。如

果你为员工发挥聪明才智提供了机会，他们的斗志就很容易被激发出来，从而全心全意地投入到工作中去，努力地去完成你授权的任务。

挑选合适的人去做正确的事，对企业开展工作十分重要。那么，在选择合适的人做正确的事时，需要注意什么呢？

1. 以"能够胜任"为选人的标准

提倡根据下属的特长来指派任务，并非只看下属的能力，有时候还要看下属所拥有的资源，如人际关系、经验是否丰富等。现代社会，很多时候办事讲的是人脉，如果下属拥有某些利于办事的人脉资源，也可以把工作任务指派给他。

有一个寓言故事：老鼠头领召集一群老鼠开会，讨论怎样对付可恶的猫。有只老鼠提议："如果在猫脖子上挂一个小铃铛，一旦猫来了，铃铛就会响，听到响声大家就可以躲起来。"大家一致认为这是个好主意，可问题是，怎样才能把铃铛挂到猫的脖子上呢？

这只老鼠接着说："小白（一只老鼠的名字）是老虎的好朋友，猫是老虎的小情人，让小白拿个铃铛给老虎，说铃铛可以辟邪，让它挂到猫的脖子上就可以了。"于是，老鼠头领把这项任务交给了小白。结果，小白顺利地完成了任务，从此，老鼠们再也不用担心被猫抓住了。

很多工作派张三可以做，派李四也可以做。但问题是，我们不能仅满足于把工作做完，还要追求完美的执行效果。因此，管理者应该选择最能胜任的人，这才叫把工作交给正确的人。这样往往能取得较好的执行效果，下属在出色完成任务之后，也能获得成就感。

2. 充分考虑授权对象的个性、脾气等因素

授权给一个脾气火暴、不善与人打交道的下属，让他去负责谈判。虽然他有谈判的能力，但是由于他缺乏周旋的耐心，无法控制自己的脾气，往往很容易被谈判对手激怒，进而被对手牵着鼻子走。所以，授权时一定要考虑授权对象的个性、脾气、气质，而不能仅看对方是否有能力。因为很多时候，光有能力不一定能把事情办好。

张良足智多谋，称得上是运筹帷幄的高手，于是刘邦把出谋划策的重任交给了张良，让他做自己帐下的第一谋士。萧何心思缜密，处事谨慎周全，

于是刘邦把粮草等后备物资的筹划、运输工作交给萧何，让他保障前线士兵的粮食供给，为前线提供物资支援。韩信在用兵方面堪称一绝，而且此人用兵沉稳，遇事不急躁，是一个难得的将才，所以刘邦授予他大将军的头衔，并把兵权交给他，让他带兵打仗。

刘邦的用人之道告诉我们：权力不仅要授予有能力的下属，还要授给有合适脾气、秉性的下属。还有就是要注重对方的品性，一般来说，要授权给正直、责任感强、积极上进的下属，而不要授权给品行不良、为人不忠、见利忘义的下属。只有综合考虑这些因素，才能找到最合适的授权人选。

3. 把握好授权的时机和时间

委派下属去做一项工作，要把握好委派的时间。很多管理者没有注意这一点，往往有了工作就立即委派给目标员工。笔者建议，如果不是紧急工作，没必要急着委派，不妨找个最佳的时间去委派。

一般来说，下午委派工作比上午好。要不然，就下班之前委派，最好别上午委派工作。因为员工往往会在上午计划好一整天的工作，上班之后还没工作几分钟，就接到新任务，会打乱员工的计划。员工被迫改变原定的日程安排，工作的顺序也要调整。他们的内心会产生一种莫名其妙的烦躁，这会影响员工执行的积极性。

另外，在委派工作时，可以先观察一下员工的工作状况，看他是否处于忙碌状态。如果是，那就等他闲下来时再委派工作；或询问员工的工作情况，了解员工当前正在做什么工作，结合员工的工作量进行委派。当然，这一切的前提是管理者所委派的工作不紧急，而且最好是在有多个委派候选人的情况下这么做。

阅读思考：

（1）怎样从多位授权候选人中选出最能胜任的人？需要考虑哪些因素？

（2）个性、脾气影响一个人的做事方式，在选择授权对象时，应该考虑这些因素吗？你又是如何根据员工个性、脾气来选择授权对象的？请举个例子说明。

4. "跳一跳，够得着"的任务最能激发执行力

对于绝大多数人来说，都没办法一口气跑完马拉松（42.195公里），因为这个距离实在太长了。人在面对如此大的目标时，会瞬间丧失动力，变得消极沮丧。即便是训练有素的专业运动员，也很难坚持到最后。

弗罗伦丝·查德威克是世界上第一位横渡英吉利海峡的女性游泳健将。1952年7月4日清晨，34岁的她打算创造另一个纪录——成为第一个横渡加利福尼亚海峡的人。这天早晨，大雾弥漫，她几乎看不到护送她的随从船队和人员。海水冰冷，冻得弗罗伦丝全身发麻。在游了15个小时之后，她已经筋疲力尽，此时她产生了放弃的念头。

随行人员叫她不要放弃，说离加州海岸很近了，但是她抬头看去，除了浓雾，什么也看不到。最终，她还是放弃了。当人们把她拉上船后，行驶没多久，就到达了加州海岸。这时她才知道，自己上船的地方离海岸仅有半英里的距离。

这是查德威克长距离游泳生涯中唯一的一次失败。事后她对采访的记者说："说实在的，我不是为自己找借口。如果当时能看见陆地，也许我能坚持下来。"

"如果能看见陆地，也许我能坚持下来。"查德威克眼中的陆地是她的目标，一个能看得见、够得着的目标，可当时由于雾气太大，她觉得这个目标太遥远，所以放弃了。这个例子告诉我们：看得见、够得着的目标，对执行者有强大的激励性。

在企业管理中，给员工设定"跳一跳，够得着"的目标，是激励员工保持高效执行力的有效举措。正如马云所说的那样："不要让你的员工为你干活，而让我们的员工为我们的目标干活，共同努力，团结在一个共同的目标下面，要比团结在你一个企业家底下容易得多。所以，首先要说服大家认同

共同的理想，而不是让大家来为你干活。"

我有一位朋友在江苏一家再生资源公司当经理，他刚上任时，接手的是一个烂摊子，公司连年亏损，员工士气低落。

上任之后，我这位朋友实施了"小步快跑"策略：给每一个部门定一个力所能及的月度目标，然后在全公司开展"月月赛"。每到月底，他都会根据各部门的目标完成情况，给大家相应的奖励，还亲自给优胜部门授奖旗，同时下达下个月的任务。

通过这个举措，他把全体员工的注意力吸引到努力完成当月任务上来，再也没有人去谈论公司的困境，也没人抱怨自己的任务太重。半年下来，公司竟然扭亏为盈。如今，这家公司已经成为江苏省有名的先进企业了。

联想集团董事会主席柳传志曾说过："目标是最大的激励。"在管理工作中，给员工定看得见、摸得着、跳一跳、够得着的目标，可以极大地激发员工的潜能，促使他们不断地努力追求，提高执行力。

那么，管理者该怎样给员工设定"跳一跳，够得着"的目标呢？其实很简单，掌握拆分企业战略目标的技巧就可以了。企业在制定战略目标后，要做的是根据这个目标往下拆分。比如，某运营平台当月的指标是新增多少用户，那么就要往下拆分出各个渠道的任务指标，比如，平台自身、新媒体、外部合作等渠道各完成多少指标。然后，分析各渠道完成相应指标应做哪些工作。做好这些之后，各指标的完成就有了针对性的事项，员工就不会迷茫该如何达成目标了。具体来说，可参考以下步骤：

第1步：将企业战略目标拆分为部门目标

企业将战略目标拆分至各部门，落实到部门负责人之后，各部门负责人应思考：这个部门级 KPI 的业务重点是什么？业务重点执行的关键是什么？衡量业务达成的标准是什么？为达成这些业务重点，部门和员工应该重点在哪里投入时间和精力？

第2步：将部门目标拆分至各个岗位目标

在将企业目标拆分至部门目标之后，还应进一步分解为岗位目标，即为各员工及岗位的任务指标。在这个拆分过程中，部门负责人应以员工为中心，多征求员工意见，让员工成为 KPI 拆分的主体，达到上下一致。要记住一点：只有员工认可自己的岗位 KPI，他们才愿意努力地执行到位。

第 3 步：再次向各岗位员工明确个人目标

当企业目标拆分至岗位目标后，管理者需进一步与员工确定其个人目标。在这个确定的过程中，管理者需要向员工提三个问题：

问员工："你是否理解你的个人目标？"让员工说出他的个人目标，看对此是否有误解。

问员工："你知道这个目标的完成期限吗？"让员工说出完成期限，以检查员工是否明白。

问员工："你知道这个目标要达到什么标准吗？"让员工说出该目标的衡量指标。

通过这三个问题，可以让员工明确自己的工作目标和任务，这是实现目标的首要前提。

阅读思考：

（1）为什么"跳一跳，够得着"的目标最具激励性？请结合自己的个人经历，举个简单的例子加以说明。

（2）在给员工设定"跳一跳，够得着"的目标时，管理者是否应该多与员工沟通，了解员工对所设目标的感受？为什么要这样做？

5. 掌握交办原则，确保下属明白你的意思

在授权过程中，给下属委派工作、向下属交办任务，是非常重要的一环。也许很多管理者会说，交办工作还不简单？把下属叫过来，把要做的事情告诉他，让他去做就行了。

如果交办工作真的这么简单，那为什么经常有管理者抱怨下属执行走样？抱怨下属执行拖拉，不能如期完成工作？与此同时，下属却辩解道："你又没告诉我要把工作做成什么样？""你又没有说什么时候完成？"

其实，这些情况的出现，就是管理者没有掌握授权时的交办原则造成的。

交办工作是授权管理最不可缺少的一项能力。在交办工作时，有几个原则必须坚持，才能确保下属领会你的意图——知道你让他做什么，做到什么程度，什么时候完成，什么情况应该及时汇报，出了问题会承担什么责任谁负责等等。

接下来，我们就来了解一下这些原则（图19）：

图19　交办工作的原则

原则 1：具体原则

具体原则指的是清楚明白地告诉下属所做工作的主要细节：

（1）具体要做什么事情，千万不要说个大概，让下属去猜到底要干什么。

（2）这项工作要做到什么程度，即执行到位的标准是什么，有了这个标准，才能评判下属做得怎么样。

（3）在什么时间内完成这项工作？即具体的期限，时间要具体，最好具体到日期，比如，×××年6月30日前完成。甚至要具体到几点，比如，下午 3:30 之前完成。

有些管理者在向下属交办工作时，不说明什么时间完成，下属以为这项工作不着急，于是就推后完成。结果，管理者却指责下属工作拖拉，不按时完成，这让下属深感委屈。所以，请说明完成期限，比如，"这件事交给你去办，明天上午10点给我结果。"这样一来，下属还敢拖延吗？

原则 2：适度原则

适度原则指的是在向下属交办工作时，要保证所交办的工作量、工作难度与下属的能力、时间等匹配。如果工作量太大、工作难度太大，超出下属的胜任水平，下属很难给你满意的结果。因此，对于难度大、工作量大的工作，你可以拆分交办给多名下属去完成，或让他们组成一个任务组，合力完成，并让其中一人为主要负责人，以便工作期间的沟通和事后的问责。

原则 3：信任原则

交办工作的本质就是交给下属一项工作，让他去完成。既然把工作交给下属，那首先你要相信下属有能力做好这项工作。如果你不信任下属，那就不要把工作交给他，尤其一些重要的工作，涉及其他部门、人员配合的工作，更是不要授权给他。否则，遇事他不能做主，总是来找你做决定，会严重影响执行效率，也会影响你的正常工作。

希尔顿21岁时，父亲让他担任一个旅店的经理。同时，转让了部分股权给他。然而，让希尔顿非常恼火的是，父亲虽然授权给他管理这家旅店，但经常干预他的工作。正是因为年轻时亲身体验了有职无权、处处受约束的感受，所以，后来当他成为希尔顿饭店的掌门人时，他在授权给下属之后，绝不轻易干涉下属，这样被授权的下属才能充分施展自己的才华，事实证明他是正确的。

授权以后绝不去干涉下属，这是管理者自信的表现，也是信任下属的表现。如果你不信任下属，就不要把权力授予给他。正如美国内陆银行总裁曾说过的那样："授权给他人后就完全忘掉这回事，绝不去干涉。"这样的授权才能凝聚人心。

所以，建议管理者在交办工作时，要告诉下属："你是这件事的负责人，与这件事相关的事宜你自己做决定。"这样一来，被交办工作的下属才有"自己也是负责人"的心态，才能够带着责任和自主性去执行任务。

原则 4：汇报原则

汇报原则指的是在向下属交办工作时，要向下属强调：在执行任务的过程中，要随时汇报任务的进展情况。当然，涉及汇报的工作，通常是较为系统的工作、较大的任务，如果一些芝麻大的事情也要求下属随时汇报，那就有折腾下属之嫌了。

有些管理者把工作交给下属，不提醒下属汇报。等到出了问题，他们又来批评下属遇事不沟通、不汇报。比如，有一家广告公司的总经理把财务预算的任务交给财务主管并让他负责一个广告投资计划。半个月后，总经理得知这项投资计划的预算大大超出了他的预期，而当时这项计划已经投入了运营，再想改回来已经不可能了。于是，他找到财务主管，冲他吼道："为什么你没有向我汇报财务预算的情况？为什么我不知道这项计划的进展情况？为什么把我蒙在鼓里？"

其实，这项工作出现的问题并非完全是财务主管的错，总经理在交办工作时没有要求主管汇报，也是一个极大的失误。如果上下级能够保持沟通，那么通过下属的汇报，上级就能很好地监督下属的工作进展，也不至于发生执行跑偏的情况。

高明的管理者在交办工作后，绝对不会当"甩手掌柜"。信任归信任，但在一些关键问题上，尤其是下属的执行出了问题时，他们希望听到下属积极汇报情况。毕竟，管理者的大局观、决断力和遇事的应变能力等通常都比下属强，能够在关键时刻指导下属克服困难。

原则5：带责原则

带责原则指的是在向下属交办一项工作时，明确告诉下属："这项工作由你全权负责，出了问题找你。"这就叫授权授责，给下属权力也让其承担责任，这样下属才会认真地斟酌手中的权力，慎重地用到对执行有利的地方。

管理者明确地将权与责同时授予下属，不仅可以促使下属尽职尽责地对待工作，还可以避免下属有权不负责或滥用权力的情况。如果下属顺利完成了交办的工作，管理者应赞扬下属，甚至将此计入下属的业绩。如果下属未能完成交办的工作，管理者应根据具体情况，对下属予以相应的处理。如此有奖有罚，才能让管理者交办的每件事都受到被交办者的重视。

阅读思考：

（1）信任原则强调要信任下属、不能干涉下属，汇报原则强调遇事要让下属积极汇报，以便监督下属执行。试问这两者矛盾吗？为什么？

（2）为什么在交办工作时，要向下属明确带责原则？这个原则对提高下属执行力有帮助吗？

6. 一事一授权，授权还要记得收权

授权与收权是一对矛盾的统一体。不懂收权与没有授权一样，都是企业管理的极端行为。没有授权，累死老板，企业也很难做强、做大。相反，还很容易把企业做死。不懂收权，那么授出去的权就可能成为下属手中的"专权"，成为一种滥权，被下属用来以权谋私，继而形成官僚主义、宗派主义、形式主义。这样企业里就会出现钩心斗角、效率低下、欺上瞒下的现象，会严重影响企业的发展。

1989 年 4 月，刘英武被施振荣任命为宏基公司的执行总裁。刘英武——美国普林斯顿大学计算机专业的博士，曾在 IBM 公司软件开发实验室电脑部担任主管长达 20 年，在美国电脑界很有声望。施振荣对他十分器重，声称他是宏基全球扩张的"秘密武器"，并把经营决策权毫无保留地授予给他。

刘英武上任后，把从 IBM 带来的"中央集权"的企业文化强制性地灌输给宏基。他频繁地召开马拉松式的会议，而对于下属的意见，他基本上采取无视的态度，他要求下属无条件服从。宏基的一位经理回忆道："强迫大家同意总裁的观点与以前宏基的风格大相径庭，施振荣从不会强迫你做任何事，除非你同意或愿意去做，所以很多人便离开了公司。"

之后，刘英武又做出了一系列的收购决策，但基本上都失败了。他还从外部聘请了 9 名高级管理人员，为此公司支付了大量的用人成本，而且造成了人心浮动。

渐渐地，施振荣意识到自己对刘英武的授权太过，他感慨道："我认为 IBM 是世界上管理最好的电脑公司，刘英武理所当然比我更有能力和经验。但他不是企业家，我对他授权太多了，太早了。"

1992 年，施振荣将决策权从刘英武手中收回，重新按自己的方式塑造宏基，而不是效仿 IBM。慢慢地，宏基又迎来了发展的春天。

尽管施振荣最后收权了，但由于收权不及时，还是导致企业遭受了严重的损失。这一惨痛的教训值得每一位企业老板深思。

聪明的管理者不会陷入授权的泥潭当中，他们总能根据企业的实际情况做出灵活的处置，做到授权与收权切换自如，恰如其分，这是一种超水平的管理才能，更是一种管理的境界。这种境界源于管理者的气度、长期的管理实践和管理经验的不断积累。

作为企业管理者，尤其是企业老板，一定要明白一点：授权给员工不是最终的目的，它只是达成管理目标的一种手段。通过授权，可以有效地激发下属的积极性，同时借助团队的力量，让大家在各司其职、团结协作下，把企业推向新的高度。因此，授权之后，并不意味着管理行为的结束。当下属完成了相应的工作，管理者还应及时收权。

在收权时，要注意以下几点：

1. 明确哪些权该授，哪些权该收

授权说起来简单，但真正操作起来并不容易。在授权时，老板必须明确哪些权该授，哪些权该收。一般来说，涉及企业命脉的权力不能授，比如战略决策、财务决策等应由老板掌控，而一些战术性的事务、涉及执行方面的事务，则可以授权给得力的员工，以充分发挥他们的执行力。

老板必须对自己有准确的角色定位，只有自己才是企业的真正负责人、长期的负责人。不论你多么赏识一个部属，不论这个部属多么忠诚可靠、尽职尽责，都无法完全取代你的作用。因此，授权切忌过度，不能授的权坚决不能授，一旦授出后出现了问题，应及时收回，以免给企业造成更大的负面影响。

2. 一事一授权，完事就收权

为了防止下属掌权后滥用私权，肆意妄为，管理者在授权时最好做到一事一授权，完事就收权，而不是授权给下属后，就让下属长期地享有这项权力。一事一授权，完事就收权，容易被下属理解为形式所需，可以减弱下属的反感。

3. 根据部属对职权的运用情况来收权

对于处在不同职位上的部属，所享有的相应的职权，管理者应结合他的职权运用效果来考虑是否收权。比如，你的下属在你的授权下，很好地完成

了某项工作。随着工作的结束，你应收回当初授给他的相应权力，让他回归到自己本职的工作上去。做到一事一授权，一事一收权，授权起始于任务的开始，收权起始于任务的完结。

再比如，你的下属在他的职位上未能履行好岗位职责，给企业造成种种不利的影响。那么，你可以视情况的严重程度，考虑收缩、减少他享有的职权，还是完全收回他所享有的职权。

4. 收权时别忘了给员工肯定性的评价

在收权的时候，管理者可以这样与员工沟通："这项工作你已经圆满完成了，你的表现让我感到惊喜，谢谢这段时间你的努力。好了，接下来你将负责新的工作，稍后我会给你详细布置。"这段话既是在给上一次任务作总结，也是给下一次授权做铺垫。下属听了这段话，自然明白你已经收回了相关的行事权力。

在这方面，刘邦称得上是"大师"。刘邦曾拜韩信为大将军，并将兵权交给韩信。在此后的很长一段时间内，韩信手中握有数十万军队，而且他所统率的军队长期远离大本营。到灭楚前夕，韩信的兵力达到了空前的规模，其势力足以和刘邦、项羽相抗衡。如果这时韩信背叛，那么刘邦将前功尽弃。

尽管刘邦大胆地授权给韩信，他心中对韩信也是有顾虑的。那么，他是怎么驾驭韩信的呢？他采用的办法是每次韩信完成军事任务时，刘邦就收回韩信的军权。而且伴随着收权，刘邦经常会奖励韩信，封他爵位，赐他钱财。这样对韩信起到了很好的安抚效果。

企业管理者在收权时，不妨学一学刘邦。做到一事一授权，每次收权时，就给下属一些奖励，既可以是物质奖励，也可以是精神奖励，还可以是口头表扬。总之，要让下属感受到你的认可。

阅读思考：

（1）授权要大胆，收权要及时，如果不及时收权，可能会造成哪些不良后果？

（2）收权时给下属肯定性的评价和奖励有什么作用？

第七章
强化沟通，为执行开辟"快车道"

美国通用电气公司前CEO杰克·韦尔奇曾说过一句名言："管理就是沟通，沟通，再沟通。"对于管理者来说，有了沟通才能了解下属的想法，才能获取更多的决策信息。对下属来说，有了沟通，他们才能明白领导交办的工作，才知道执行的方向、执行要达到怎样的效果。尤其是在出现重大问题时，唯有沟通才能保证信息的上传下达。所以，强化沟通，才能为执行开辟"快车道"。

1. 有效的执行从高效沟通开始

有个孩子第二天要参加小学毕业典礼，妈妈特意给他买了一身新衣服，让他第二天穿，但裤脚长了两寸。

吃晚饭的时候，趁爷爷、奶奶、爸爸、妈妈都在场，孩子把裤子长了两寸的问题告诉了大家。大家都在闷头吃饭，谁也没有吱声。饭后大家各忙各的事情，这件事再也没有被提起。

妈妈睡得比较晚，临睡前他想起儿子的裤子长了两寸，于是把裤子剪短了两寸，并缝了裤边，再叠好放回原处。

半夜里，狂风大作，窗户"哐"的一声把奶奶惊醒了。奶奶醒来后，突然想到孙子的新裤子长了两寸，于是披衣起床将裤子处理好后才安然入睡。

爷爷每天起得最早，起床后，他想起孙子的裤脚长了两寸，于是赶紧把孙子的裤脚处理了一下。

结果，孩子起床后，发现原来的长裤变成了短裤。

案例中的妈妈、奶奶、爷爷由于彼此间没有沟通，各自想当然地替孩子修剪裤脚，最后把长裤修成了短裤。别急着笑他们，企业中也经常出现类似的情况。

董事长对秘书说："帮我查一下上海分公司有多少员工，下周一我要参加总部的会议，有一些文件要印发给他们，你帮我准备详细一点。"

秘书接到任务后，马上给各分公司的人事部经理打电话，说："董事长需要一份你们公司所有员工的名单和档案，请准备一下，我们3天内需要。"

各分公司人事部经理马上派人调出公司所有员工的名单和档案，还有一些相关资料，派人送到总部大楼。

结果，董事长感到莫名其妙，对秘书说："我只需要各分公司的员工人数和名单！你给我弄来这么多档案干什么？"

在这个例子中，秘书与董事长之间由于没有沟通好，导致执行出现严重偏差。除了没有沟通造成执行不力，沟通不畅也会造成执行不力。因此，当下属执行不到位时，管理者不要急着指责下属，不妨反省一下：是否委派工作时，没有讲清楚；是否与下属沟通不到位，造成理解偏差，继而导致执行跑偏？

身为管理者，有必要明确一点：员工是先有理解，才有执行力的。如果员工不理解工作的具体要求，不理解上司的意图，在执行时就很容易出现"离题万里"的现象。对于企业管理者来说，沟通尤为重要。

日本"经营之神"松下幸之助曾说过："企业管理过去是沟通，现在是沟通，未来是沟通。"一个拥有沟通文化、沟通习惯的企业，可以使员工清楚地理解上级指令，明确自己应该做什么工作、做到什么标准。

优秀的管理者都是注重沟通的人。通用电气公司董事长兼首席执行官伊梅尔特非常重视沟通，他曾经谈到怎样支配自己的有效工作时间时说："我差不多有 30% 到 40% 的时间用来跟人打交道，进行交流、沟通，这是 CEO 非常重要的一个工作。"要想提高员工的执行力，管理者就必须重视沟通。具体来说，可参考以下三点（图 20）：

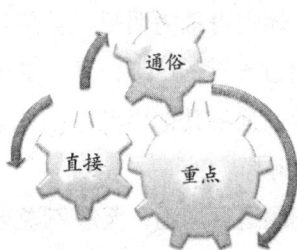

图20　高效沟通的三个要点

1. 通俗——根据沟通对象，用对方最容易听懂的方式去沟通

有个成语叫"对牛弹琴"，有些管理者也会用这个成语来笑话下属，认为下属太笨。殊不知，对牛弹琴，错的不是牛，而是弹琴的人——管理者。要想下属听明白，管理者就要用下属听得明白的方式与下属沟通。有个小故

事就很好地证明了这一点：

有位秀才晚上被蚊子咬醒了，他对着一旁的妻子说："尔夫被毒虫所吸也。"见妻子没反应，秀才提高了嗓门儿，又说了一遍："尔夫被毒虫所吸也。"妻子还是没有反应，秀才急了，生气地把妻子推醒，大声说："老婆子！赶快起来，我快被蚊子咬死了。"妻子听到这话，赶紧起来支起蚊帐。

有时候管理者容易犯秀才所犯的错误，与下属沟通时用词过高深、晦涩、专业，不利于下属听懂。试想一下，下属如果听都听不懂上司下达的工作指令，他们又怎么知道该执行什么工作呢？所以说，一定要想办法用通俗易懂的方式与下属沟通，千万不要为了显示自己知识渊博、能力突出，而使用专业性的话语，如此，适得其反。

2.直接——想说什么就直奔主题，不要绕圈子，也不要解释

美国戴尔公司的沟通特点就是"直接"。"直接"最早是指戴尔商务模式中的直销以及供应链中的直采，它可以极好地消除或缩短不必要的中间环节，节约了过程时间和相关联的成本。慢慢地，"直接"变成戴尔的沟通文化，成为企业文化的一部分。其中，Answer First就是"直接"运用在沟通上的范例。

Answer First最直白的解释就是直截了当地答复，不要绕圈子，也不要解释。这一点在戴尔的会议上体现得最为明显。戴尔在开会时，十分追求简短高效，要求发言者准备不超过6页的PPT，开门见山地列出会议要讨论的问题和推荐的解决方案。然后，列举其他供参考的方案及其利弊。只有在被人提问时，发言者才会展示和解释。

3.重点——抓住重点问题进行沟通，坚决不说废话

美国购物网站亚马逊的沟通非常独特，就是"不说废话"。与戴尔不允许超过6页PPT相比，亚马逊的会议直接杜绝PPT，要求会议发起人事先准备一份材料，并打印出来。这份材料不能有废话，必须清晰地描述问题本身和解决方案，用大量的图表、数据和分析来表达。会议开始的5～10分钟，会场鸦雀无声，大家都在埋头读材料。如果大家没有问题，就按提议者的建议执行。如果有问题，就提出问题，大家一起讨论。

亚马逊的沟通方式有以下几个特点：

（1）对会议发起者要求非常高，发起者必须充分准备数据、材料，并经过深思熟虑的分析。

（2）发起者所准备的材料必须完整，不能像 PPT 那样由于追求简练而失去内容的细节，就算以后拿出这些材料仍能清晰地知道原意和理解决策依据。

（3）数据和事实充分，不说废话，高效决策。

阅读思考：

（1）为什么强调沟通，执行与沟通有什么关系？

（2）要想达到高效沟通的目的，管理者需要注意运用哪些沟通技巧？

2. 最高效的沟通方式是面对面沟通

"二战"期间，有个美国青年与一个姑娘恋爱了。不幸的是，当美国宣布参加反法西斯战争后，年轻人被征入伍，远赴战场。在抗战期间，年轻人深深地思念相恋的姑娘，只要有空就给她写信。几年后，战争结束了，青年幸运地活着回到故乡，姑娘也准备当新娘了。可惜新郎不是那个年轻人，而是经常给姑娘送信的快递员。

这个例子充分说明，再好的沟通也抵不了长时间、远距离带来的不利影响，再好的远距离沟通也达不到面对面沟通的效果。

尽管如今的通信设备发达，手机、电话、传真、网络沟通等应有尽有，使人类可以远距离地沟通，但在企业管理中，最有效果的还是面对面沟通。因为沟通不仅是语言上的交流，还有肢体语言的配合，比如表情、手势、身体姿态等肢体动作，可以传达出语言无法表达的信息。

美国哈佛大学和哥伦比亚大学曾做过一项研究表明，当企业高层亲自参加会议时，这一行为就可以传达一个信息——高层十分重视这次会议，这就自然会引起下属对这次会议的重视。而当管理者面对面地与下属沟通时，会让下属感受到强烈的尊重与认可，使下属受到激励。很多优秀的管理者，都会将面对面沟通作为首选的沟通方式。

2012年5月18日，Facebook在美国上市。时隔五年，它在全球已经拥有3000多名员工，这些员工大多数是刚从大学毕业的20多岁的年轻人，是一家充满朝气的苗壮成长型公司。

与大多数创业公司一样，Facebook在2004年创立时，仅有几十名员工。其创始人兼CEO马克·扎克伯格的管理风格很特别，就是与员工进行一对一的面对面交谈。面对面沟通使得公司的信息更有效地传递，同时凝聚了全体员工共同的创业精神。

每个星期扎克伯格都会召开公司会议，在会上与员工进行长达数小时的提问和回答。无论员工提出怎样的问题，扎克伯格都会坦诚地回答。对于无法回答的问题，扎克伯格会让公司的 COO（首席运营官）及他的团队进行回答。这种打破组织层级，创业领袖与员工之间面对面的平等沟通，使 Facebook 的管理更有成效，使员工的工作效率更高。

对于知识型创业领袖，在创业初期通常面临着从个人角色转换到领带团队的管理角色，在企业高速发展时，千万不能忽视与员工面对面的交流沟通，虽然早期的管理方式难以在短期内看到回报，但是对于企业的有效运转及长远发展都起着不容小视的作用。

沟通同一个问题，采用不同的沟通方式，所收到的效果是不同的。其中，面对面的沟通方式效果最好。在面对面沟通中，人所感受到的效果更容易在工作中坚持下去。比如，听到上司振奋的激励，听到急切的工作部署，下属更能感受其中的真意。

在面对面沟通中，下属所遇到的困惑，可以在第一时间得到上司的解答，下属获知的信息也能第一时间传达给上司。上下级之间的顺畅沟通，既能激励下属，又能促使下属更高效地执行工作。

波士顿顾问集团资深副总裁伊凡斯认为，面对面的沟通有助于上下级之间建立信任感。在企业内部，管理者和员工之间的面对面沟通、管理层之间的面对面沟通以及员工之间的面对面沟通都十分重要。面对面沟通可以传递思想，提升团队的凝聚力，可以拉近人与人之间的情感距离，让沟通变得生机盎然、鼓舞人心。

1. 尽可能选择一对一的方式与下属沟通

在处理微妙的人际关系或传递复杂信息时，面对面沟通是最合适的。比如，对于涉及下属切身利益的事情，管理者可以与下属坐在一起，面对面地沟通；对于下属执行中碰到的难题，管理者可以与下属一起探讨，寻找解决问题的方法，这更容易取得工作上的进展。

面对面沟通时，最好选择一对一的模式，即中层管理者在一个时间段，最好和一个对象沟通。因为如果所有部门的中层和所有员工或者一个中层和多个员工在一起沟通，是很难达到交流的深度的。要真正地了解下属的想法，或者给下属鼓励和开导，一对一的交流不失为一个好办法。

2.把某个时间定为面对面的沟通时间

相对于一对一的沟通，一对多的沟通可以为管理者节省不少时间。毕竟管理者的时间是有限的，如果对每个下属都采取一对一的沟通，管理者哪有时间做别的事情呢？因此，除了针对个别下属工作上、心理上的困惑采取一对一的沟通，管理者应该充分利用"一对多"的方式与下属沟通。比如，公司可以把每周的某个时间段定为面对面沟通时间，让下属有机会和上司坐在一起，以轻松的方式谈谈工作上的问题。在这方面，日本三井物产公司的做法值得我们借鉴。

日本著名的三井物产公司内部有一项特殊的制度，即"星期五下午茶"制度。公司规定，每个星期五下午，公司的各部门员工以喝茶的方式聚集到各自的休息室。大家边喝茶，边沟通工作上的问题。可以和同事沟通，也可以与上司沟通，大家畅所欲言，不仅可以聊工作，还可以聊生活。

在这个沟通机制下，员工可以放松身心，可以感受到上司的信任，感受到同事之间的友谊，工作中产生的一些误会和怨恨，也在这种面对面沟通中烟消云散，从而使大家紧密地团结在一起。正是靠着这种团结和信任，三井物产公司的全体员工才能保持高效的执行力，公司才能保持强劲的发展势头。

3.面对面沟通不能走过场，管理者要表现出诚意

身为管理者，绝不能把面对面与员工沟通当成一种形式主义，每次沟通走走过场就完事。要知道，面对面沟通时，如果你没有诚意，肢体语言就很容易暴露你的不良态度，这样对员工的伤害甚至比不与员工沟通都要严重。若想表现出诚意，管理者应做到面带微笑、耐心倾听、平等协商、积极交换意见、善于接纳员工的合理建议，绝不能高高在上地以权压人，说话的语气、态度要友善，要让员工感受到你们之间是平等的，这样下属才会敞开胸怀，坦诚地与管理者沟通，也才能保证取得良好的沟通效果。

阅读思考：

（1）为什么面对面沟通的效果最好？请结合你个人的经历说明。

（2）怎样在面对面沟通中表现出诚意，并让员工感受到你的诚意？

3. 复述和提问，保证沟通的有效性

管理者在与下属沟通时，可能说出一些包含多种含义的话。管理者说出的这些话，有自己的理解；下属听到这些话后，有下属的理解。但是，下属的理解与管理者的理解很可能会不同，这样就容易造成误会。这是沟通与执行的大患，假如有了"复述"，那么就可以很好地避免这些误会，为执行到位做保障。

什么叫复述？其实很简单，就是当你给下属交代完工作后，让下属把你所讲的意思总结出来。你根据下属的总结，了解下属是否明白你的意思。如果下属的复述有问题，你可以指出来，并通过提问了解下属的不解之处。这就是上下级沟通中复述和提问的重要性。在复述与提问过程中，下属才能更好地领会上司的意图，从而保证执行到位。

美国一家机器制造公司的员工唐斯办完一个业务回到公司，就被主管西蒙斯叫到他的办公室："唐斯，今天的业务办得顺利吗？"

"非常顺利，主管，"唐斯兴奋地说，"我清楚地向客户解释了我们产品的性能，让他们了解到我们产品是最适合他们的，并且这个价格在其他任何一家公司也拿不到。客户被我说服了，购买了 100 台机器。"在这里，唐斯很好地解释了"业务办得顺利"。

"不错，"西蒙斯赞许道，"现在还有一项重要的任务要交给你去办，公司现在有一个大客户需要你去搞定，具体做法还是老套路，但如果客户要货超过 100 台，你可以给他们多一些优惠。"

唐斯说："你是说，如果客户要货在 100 台以内，我们最多只能给他打 8 折；如果客户要货在 100 台以上，我们可以给他打 7 折，是吗？"

西蒙斯说："是的，就是这样！"

"主管，如果对方要货接近 100 台，却要求我们打 7 折怎么办呢？"唐斯提出了自己的疑问。

"这……你到时候看着办吧，反正7折是我们的底线，绝对不能破！"

唐斯复述道："我明白了，你的意思是到时候见机行事，灵活地给他们定价，如果对方强烈要求打7折，即便要货数量没有超过100台，我也可以给他打7折，是吧？"

"是的，就是这样，不过你应该尽量保证公司的利益，能定价高一点就高一点，毕竟公司赚钱也不容易，你说是吧！"西蒙斯嘱咐道。

"我懂了，放心吧，主管，我这就去办。"唐斯说。

后来，唐斯把这件事办得很好，以7.5折的定价拿下了那位大客户，卖出了90台机器。

在这个沟通案例中，唐斯通过复述和提问，与主管实现了顺畅、到位的沟通，有效地保证了执行的质量。

事实上，复述和提问不局限于此。在沟通中，为了表达你在听，为了让对方知道你对他的话的理解，你可以采用复述的方式不断回应。比如，上司说："这个新项目不能按往常那样做，要有所创新。"你可以复述道："不能按往常那样做，你指的是……吗？"如果你不复述和提问，而是想当然地理解，那么一旦你理解错了，上司又不知道你理解错了，在执行中就容易出问题。

所以，不论是你还是高层管理者或者是中层管理者，不管你与下属沟通还是与上司沟通，都应该重视复述和提问，或者提醒下属复述和提问，这是实现有效沟通的保证。值得注意的是，在与下属沟通时，为了保证下属明白你的意思，你应该注意以下两点：

1. 明确要求下属在沟通中复述你的意思

当你给下属交代完一项工作后，不要急着让他离开，而要明确要求他："你听懂我的意思了吧？复述一下看看！"先让下属概括地讲述一下这项工作的主要内容，包括：

这项工作具体要求做什么？

这项工作什么时候完成？

要把这项工作做到什么效果？

要想做好这项工作，需要和相关的哪些人打交道？

接着，还应让下属复述"完成这项工作需要特别注意什么"，比如，一些工作细节、禁忌等。如果下属能够清晰地复述出这些内容，那么管理者就可以放心地让下属去执行了。

2. 鼓励下属大胆地提出有疑问的地方

身为管理者，不知你是否发现，有些下属在与上司沟通时，往往碍于面子，遇到不理解的地方时，由于害怕上司责怪他"脑子笨"、"理解力差"，或责怪他"没认真听"，而不好意思讲出来，于是不懂装懂，想当然地理解上司的意图。结果，导致执行跑偏。

要想预防下属"不懂装懂"的情况发生，可以在与下属沟通时，鼓励下属提出质疑，你可以问下属："你明白我的意思了吗？如果有不理解的地方，你尽管提出来，没有关系的，我们可以进一步沟通。"通过这样的鼓励，可以消除下属提问的心理负担，便于上下级畅通地沟通，把工作交接清楚。

阅读思考：

（1）在沟通中经常出现误解的情况，怎样避免误解的产生？

（2）为什么鼓励下属有疑问要提出来，难道下属不知道提问吗？

4. 牵涉较多的事沟通好了再执行

在企业中，管理者肯定见过这样一类员工：他们工作积极，说干就干，富有激情和干劲。这种工作精神和执行态度值得肯定，但问题是，有些事情可能牵涉部门较多、涉及的人员较为复杂，如果事先没有沟通协调好，就急于执行，可能会把事情搞砸。小则出力不讨好，大则会给公司造成难以估量的损失。

公司的客户经理在 CEO 出差期间，接到了一个较大的项目，由于时间紧迫，他在电话里简单地向 CEO 作了汇报。CEO 听完汇报，并未给出明确的答复。结果，客户经理以为 CEO 默认了这个项目，就组织下属和研发部门投入时间和经费进行了该项目的研发。但是最后由于时间紧张、原材料准备不足、部门之间协调配合不到位，导致这个项目以失败告终。

CEO 出差回来，得知这个项目失败了，十分生气。在公司高层会议上，他以"汇报不详，擅自决策，盲目执行，运用公司资源不当"为由，当着各部门主管的面严厉批评了客户经理，并按制度规定对其进行了处罚。

客户经理很不服气，大喊冤枉。他认为自己已经汇报了，是 CEO 重视不够，故意刁难他。这件事在会议上引起了不小的分歧，严重打击和挫伤了客户经理的自尊心和执行积极性，使他与 CEO 之间产生了一些隔阂。

这就是典型的因牵涉较多、沟通不到位而贸然执行造成的企业内部矛盾。作为管理者，不能在出了问题之后，一味地批评员工盲目执行，而应该在平时管理中，不断向下属灌输"牵涉较多的事沟通好了再执行"的理念，并在下属执行之前，提醒下属全方位沟通，为执行扫清障碍。当然，管理者自己也应该养成沟通的习惯，给下属做沟通的榜样。

那么，面对牵涉较多的事情，怎样确保沟通到位呢？

1. 分析事件涉及的部门或个人

任何一项工作，都不是孤立存在的，一定与某些部门或个人有关系。比如，你布置下属完成一个客户的售后追踪工作。那你得给售后部门打招呼，告知售后部门负责人："××客户我要派专人负责售后追踪工作，你就不用再派人负责该客户了。"

如果执行该工作，需要经费支持，还应与财务部门打招呼，告知财务部门："公司即将进行××项目，大概需要5万元的经费，希望得到财务部门的支持！"

此外，管理者还应该与那名下属沟通，了解他手头所负责的工作。不妨问下属："你手头正处理什么工作？忙不忙？我现在给你安排的这项工作，你能在规定的时间内完成吗？如果有困难，你提出来，我们再商量。"这样可以避免委派新工作后，耽误下属当前手头的工作。

如果下属手头正在执行另一位部门主管交代的工作，而你所交代的工作又比较重要，且只能委派给这名下属执行。那么，你最好与那个部门主管沟通，说明情况的重要性，请求他允许该下属推后几天执行他布置的工作。

如果管理者委派的工作要由多人完成，还应该分别与这些被委派者沟通，协调他们的时间，交代他们要注意的问题。

总之，在委派工作时，一定要加强沟通，才能为执行扫清障碍，创造条件。

2. 制定沟通制度，用制度保障沟通到位

沟通不到位，就贸然执行，很容易给公司造成损失。如果你让员工赔偿这笔损失，对员工无疑是残忍的。毕竟员工也是一番好意，他们积极执行，动机是好的。然而，公司不可能总是为下属的执行出错买单。那么，到底该怎么防止员工贸然执行出错，导致公司利益受损呢？

深圳一家服装公司的销售主管钱女士，上任伊始，对待工作充满激情。有一次，经过长时间的争取，她说服了一位大客户来采购公司的服装产品。签合同那天，她既兴奋又紧张，还把客户需要的员工职业装的样品带了过去。客户看了样品之后很满意，签完合同，客户又决定从她公司订购一些衬衫。

钱女士痛快地答应了客户，并立即回公司把衬衫的样品拿了过去。客户对衬衫的质量和款式相当满意，当场就敲定了款式和面料。可是在报价的时候，钱女士有些犯难。因为衬衫的业务由另外一位销售主管负责，批发价格是多少，她并不清楚。而且这位客户所需要的这种衬衫，是公司较少生产的一种款型，具体的价格她一点都不了解。可是，当时她害怕失去这个大单子，就按照公司其他衬衫的批发价格给客户报了价。

当钱女士兴高采烈地回到公司，准备申请款项去买布料的时候，她才发现客户订购的那批衬衫价格是普通衬衫的 3 倍。这直接导致公司在这笔衬衫业务上出现了重大亏损。可是合同已经签了，为了维护公司的信誉，公司领导只好打掉牙往肚里吞。

这件事之后，公司领导专门召开了会议，完善了沟通制度和执行规定，规定在执行之前，拿不准的事情、牵涉较多部门的事情，一定要先沟通协调好了，再去执行。否则，将会承担执行出错给公司造成的损失。如果沟通不到位，宁愿放慢一点速度，哪怕可能会失去一些商家，也在所不惜。

制定科学规范的沟通和执行制度，要求下属在拿不准的时候，在部门之间、同事之间、上下级之间协调不到位的时候，避免盲目执行，以免执行出错，给公司造成损失，也给下属的积极性带来不必要的打击。

阅读思考：

（1）为什么不能贸然处罚因沟通协调不到位而执行出错的下属？这样做有什么危害？

（2）用制度规范沟通和执行，为什么可以减少因沟通不到位而造成的执行不力？

5. 沟通要多用"建议"，少用"命令"

美国管理专家帕特里克·兰西奥尼曾说过："企业中无穷无尽的管理危机，往往并不是表面上的战略失误、营销不利、竞争威胁、技术开发上的不智决策等等所致，而是管理者犯了一些基本的但是又没有引起正视的错误，才导致危机的爆发。"其实，用强硬的命令性的语气与下属沟通，就是没被管理者正视的错误，它是造成管理危机的一个导火索。

某企业曾发生这样一件事：

一天傍晚，总裁回办公室取东西，当时公司已经下班，当他走到门口时，突然意识到自己没带钥匙。于是，他给秘书打电话，但是秘书没有及时接听，这让他很气愤，他继续打，秘书终于接电话了。

在电话中，总裁满腔怒火地斥责秘书："你给我马上来公司，我在这里等你开门。"

面对总裁的命令，秘书感到自尊心受到了伤害，当即反驳："我凭什么去公司，我已经下班了，我不再受你的指使，你没有资格对我吼叫……"

第二天，秘书来到公司后，主动去人事部递交辞职书，要求办理离职手续……

身为管理者，在对待下属时，不要以为他们是下属，就高高在上地随意命令他们。毕竟人都是有自尊心的，下属也不例外。如果你不想因自己的说话语气问题，激起下属的不满和抵触情绪，那么你不妨用建议代替命令，这样不但能避免伤害别人的自尊，而且还能使下属乐于接受你的意见，积极改正错误，并与你友好合作。在这方面，通用电气前 CEO 杰克·韦尔奇堪称高手。

杰克·韦尔奇在通用电气公司担任 CEO 时，有一次，公司遇到了一项棘手的工作：免除查尔斯·史坦恩梅兹所担任的计算部门的主管职务。虽然史坦恩梅兹在电器方面是个天才，但他在计算部门主管一职上却表现得不合格。然而尽管如此，公司却不敢冒犯他，因为公司当时绝对不能缺少他这样的人才。最后，韦尔奇亲自出马。

这天，韦尔奇把史坦恩梅兹叫到他的办公室，对他说："史坦恩梅兹先生，现在有一个通用电气公司顾问工程师的职务，你看这项职务由你来担任如何？我暂时还找不到合适的人来担任这项职务。"

史坦恩梅兹一听，十分高兴："没问题，只要是公司决定的，我就乐意接受。"

对于这一调动，史坦恩梅兹心知肚明，他知道公司换掉他的职务是因为他担任计算部门主管不称职，尽管是撤职，但韦尔奇处理的方式让他颇为满意。

试想一下，如果韦尔奇当时不是以商量和建议的口吻与史坦恩梅兹沟通，而是直接命令道："史坦恩梅兹先生，鉴于你在计算部门主管一职上的表现，公司决定撤换你的职位……"恐怕此言一出，就会触怒这位暴躁的"大牌明星"，闹得双方都不愉快。然而，杰克·韦尔奇毕竟是智慧的领导，他懂得用建议，而不是用命令与下属对话，很好地保全了史坦恩梅兹的面子。

日本松下电器公司的创始人松下幸之助曾表示："不论是企业或团体的领导者，要使属下高高兴兴，自动自发地做事，我认为最重要的，要在用人和被用人之间，建立双向的，也就是精神与精神，心与心的契合、沟通。"在他看来，在沟通中让下属感到平等十分重要，而要做到这一点，最好的办法就是用建议和商量的口吻与下属沟通。

1.遇事不要急躁，保持平和的沟通语态

在中国古代，评判一个人是否称得上君子，标准有"三和"——语柔和，身矮和，心平和。首要的就是语柔和，即说话温和。说话温和，不只是语气态度上的温和，更重要的是语义要温和。对于管理者来说，在与下属沟通时，不宜用尖刻语、冷峻语命令和要求下属，否则，就是在无形之中给自己设置障碍。有一句话请记住：不去要求，不去命令别人，就不会给人造成威胁，就不会有反抗。你对下属温和，下属对你自然尊敬。

2. 少一点"绝对"，多用委婉的语气与下属沟通

有些管理者说话时，喜欢用绝对化的词语，比如"不能"、"不可能"、"绝不"、"必须"。这些绝对化的词语，就像是在下属面前摔上门，让人觉得很不受尊重。而且绝对化的词语，意味着不留余地，这会让人感到有一种压迫感。而实际上，事无绝对，山重水复疑无路的时候，还能柳暗花明又一村呢，所以，不妨用委婉的词语与下属沟通，比如，"可能不行"、"可能有困难"、"或许"等等，给别人留面子，给自己留余地。

3. 少一点命令口吻，多用商量的语气与下属沟通

"闭嘴"、"你别管"，这类生硬的拒绝很容易给别人带来负面情绪，哪怕你是在开玩笑，也不要随意用这样的词语。所谓言者无意，听者有心，一旦别人当真，就可能伤感情了。即便下属行为不当，你也不要直接否定，比如"我不喜欢你那样做"不妨换成"我觉得这样做可能会更好一些，你觉得呢？"这样对方往往更容易接受。

阅读思考：

（1）为什么用强硬的命令性的语气与下属沟通会造成管理危机？

（2）怎样与下属沟通，才能保护员工的自尊，赢得员工的认同？

6. 完善沟通渠道，保证各环节顺利衔接

古有皇帝微服私访，今有国家总理深入农村体察民情，无论是在生活中，还是在工作中，沟通都是无处不在的。在企业管理中，管理者也应该积极与上司、下属和平行部门进行沟通。有了良好的沟通，才能减少信息传达上的失误和障碍，为执行效率的提高做保障。

蒙牛集团总裁牛根生曾经说过："矛盾的 98% 是误会，而误会的 98% 是沟通不够。"这句话足以表现舒畅的沟通是多么重要。企业不重视沟通，企业各部门之间、员工之间，以及企业与外部缺少沟通，将会产生严重的后果。

如果上下级之间、同事之间沟通不畅，不用说工作效率提高不了，可能连最基本的工作任务都难以完成；如果部门之间没有沟通，每个部门都闭门造车，信息流通受阻，整体效率就会变慢，那么整个企业就会失去活力；如果企业与客户之间没有沟通，只关心生产产品、卖产品，却不了解客户的想法和意见，不为客户着想，那么企业最终会在激烈的市场竞争中走向衰亡。

毫不夸张地说，沟通就是企业的命脉，关系到企业的执行效率。因此，企业一定要加强内部沟通机制的建设和完善，为企业内部、外部的沟通提供平台支持和制度保障，这样才能确保沟通为企业带来发展的推动力。在这方面，我们不妨借鉴摩托罗拉公司的做法。

1992 年，世界知名手机品牌摩托罗拉公司曾在天津经济开发区兴建了寻呼机、电池、基站等 5 个工厂，工人人数从不到 100 人快速增加到 8000 多人，年产值高达 28 亿美元。可以说，摩托罗拉在华投资取得了巨大的成功。

摩托罗拉能取得这样的成功，与他们企业内部良好的沟通机制是分不开的。公司规定，所有管理者必须敞开办公室的门，任何职位的员工任何时候都可以找他想找的上级，完全不必避讳跨级别沟通。

公司还规定，在每个季度的第一个月，从 1 号至 21 号，管理者要与下属和自己的上级进行一次对话，回答诸如"你在过去 3 个月里，是否受到了尊重"等六个问题。

另外，公司员工可以通过管理者为他们准备的 11 种表达意见的途径，向公司反馈自己的想法和建议。比如，通过书面形式提出对公司的意见和建议；在隐去姓名的前提下，对公司的问题进行评价和投诉；参加公司每周四的座谈会，当面向管理者提出问题；如果员工遇到的问题通过以上几种沟通途径依然没有得到解答，可以直接给中国区人力资源总经理写信。

从这几种沟通渠道上来看，摩托罗拉公司十分重视公司内部沟通机制的建立。有了完善的沟通机制，企业内部沟通就有了制度保障，沟通就会顺畅许多。那么，企业应该如何完善沟通渠道呢？见下图（图 21）：

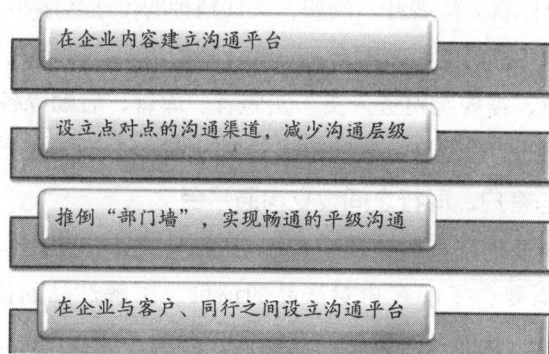

在企业内容建立沟通平台

设立点对点的沟通渠道，减少沟通层级

推倒"部门墙"，实现畅通的平级沟通

在企业与客户、同行之间设立沟通平台

图21　完善沟通渠道的举措

1. 在企业内部建立沟通平台

除了建立沟通机制，企业还应建立内部沟通平台，让大家有机会一起讨论公司的发展问题。例如，李嘉诚旗下的和记黄埔，就充分利用平台化的沟通，提高了内部沟通效率。和记黄埔引入了一个即时通信工具，构建了一个覆盖全员的沟通平台，使员工之间、部门之间可以直接利用这个平台进行沟通。在信息传播环节上，和记黄埔利用 imo 的电子公告，将信息准确地传递给员工。同时，公司的电子公告还可以同步发送到员工的手机上，让不在

imo 上的员工及时收到信息。

如今的共同聊天工具层出不穷，企业可以创建 QQ 群、微信群，让大家都加入进来，利用这个公共聊天平台，及时有效地传递企业内部信息，也便于大家相互之间准确找到沟通对象，在线沟通问题。

2. 设立点对点的沟通渠道，减少沟通层级

建立有效的沟通机制，最有效的方式是设立点对点的沟通渠道，这样可以减少沟通的层级，避免信息传递过程中失真、扭曲，也就可以很好地避免误解。企业应设置相关的点对点沟通制度，就像摩托罗拉那样：任何人都可以直接找到他想沟通的管理者，绝不避讳越级沟通，这样不仅能提高沟通效率，还能间接地对各级管理者起到监督、威慑作用。

3. 推倒"部门墙"，实现畅通的平级沟通

企业部门之间的交流沟通，是企业团队协作的重要途径。如果没有部门间的顺畅沟通，合作就无法展开。例如，文件精神的传达与落实，财务预算管理的编制等，要靠各部门的紧密配合。一项计划的落实，涉及人力、物力、财力等多方面的支持，需要与财务人员、实施者、库管、后勤等各部门协调沟通。只有建立部门间的沟通制度，才能跨越"部门墙"，实现顺畅的沟通。

4. 在企业与客户、同行之间设立沟通平台

除了重视企业内部沟通，还应重视与客户、与同行沟通。与客户沟通便于了解客户的需要，了解客户对产品的评价，了解产品的优缺点，以及同行产品的优缺点，从而及时调整产品的研发方向，完善产品质量。与同行沟通，便于了解行业最新动态，了解竞争对手的情况。

为此，企业可以定期对客户进行电话回访，还可以与客户建立 QQ、微信联系，鼓励客户提出意见和建议。当然，企业还应加入同行的 QQ 群、微信群，经常与同行沟通，从他们那里了解行业发展的最新动态和行业内的最新事件。这便于企业及时获取市场信息，适时调整经营方向。

阅读思考：

（1）部门之间、员工之间、上下级之间沟通不畅，会导致什么后果？

（2）为什么完善沟通渠道有利于提高沟通效率，保证各环节工作衔接？

7. 懂得倾听，学会接纳不同意见

有人曾问日本"经营之神"松下幸之助经营公司的诀窍，并让他用一句话概括出来，松下幸之助说："首先要细心倾听他人的意见。"这句话足以证明倾听的重要性。对于管理者而言，重视沟通首先要懂得倾听，还要能够接纳下属合理的意见和建议。

微软公司十分重视员工的意见。当公司召开会议时，如果大家意见不统一，管理者会鼓励大家积极表达自己的想法，这样做不仅是为了营造民主的沟通气氛，更重要的是可以避免管理者遗漏有价值的意见，造成决策上的失误。

当年 Internet 刚出现时，微软公司的很多高层领导不理解、不赞成公司花太多的精力去做这个不挣钱的技术。但是有几位技术人员不赞同这个观点，他们不断地向公司提出意见和建议，向管理者解释这项技术在未来可能的前景。尽管高层们当时没有完全理解技术人员的观点，但他们仍然给技术人员畅所欲言的发言权。

后来，比尔·盖茨听说了这些建议，经过深入思考和分析，他认为互联网是一个有前景的行业，于是决定改变公司的研究方向，向 Internet 上转型。事实证明比尔·盖茨的做法是明智的，而这一切正是因为他听取了员工的意见和建议。

对于敞开心扉听取员工的意见，前 IBM 公司总裁沃森说过这样的话："我从不会犹豫提升一个我不喜欢的人当官。体贴入微的助理或你喜欢带着一起去钓鱼的人对你可能是个大陷阱。我反而会去找那种尖锐、挑剔、严厉、几乎令人讨厌的人，他们才看得见，也会告诉你事情的真相。如果你身边都是这样的人，如果你有足够的耐心倾听他们的忠告，你的成就是无可限量的。"

身为管理者，敞开胸怀，倾听下属的意见和建议，不仅可以营造民主开放的沟通氛围，激发员工献计献策的积极性，还可以让员工感受到企业对他们的尊重和重视，使他们得到激励。不过，对于下属提出的不同意见，管理者应理性思考，切勿盲目采纳，这样才能保证决策的正确。

那么，怎样才能听到下属的不同声音？管理者又该如何对待下属的不同意见？

1. 鼓励甚至是要求下属提出不同意见

身为企业管理者，一定要鼓励员工发表意见。在这方面，比尔·盖茨就做出了表率。他十分重视员工的意见或提案，他曾经说过："如果人人都能提出建议，就说明人人都在关心公司，公司才会有前途。"因此，管理者应该鼓励员工畅所欲言，甚至要求员工提出不同的意见。

艾尔弗雷德·斯隆在通用汽车公司33年的管理生涯中，将通用在美国汽车市场的占有率从12%提高到了56%。他之所以能取得这样的成就，与他的决策习惯有很大的关系，那就是他从来不靠直觉做决策，而是强调用事实来检验自己的看法。他认为，正确的决策必须建立在对各种不同意见进行充分的论证的基础之上，因此，如果他听不到不同意见，他就不会做决定。

有一次，公司召开高级管理委员会会议，讨论公司的一项决策，斯隆在会议上说："各位先生，据我所知，大家对这项决策的想法完全一致。"与会者纷纷点头，脸上都露出了愉悦，以为这个决策可以通过。但是斯隆却说："但是，我建议在下次会议上，大家再来进一步讨论这项决策。在这期间，我们可以充分考虑一下不同的意见，只有这样，才能帮助我们加深对此决策的理解。"

斯隆是一位善于听取下属意见的领袖，当下属没有不同意见时，他反而感到不安。为此，他会鼓励下属提出不同意见，甚至要求大家必须提出不同意见。也许有人认为这种做法过于谨慎，但它却是斯隆带领通用汽车公司走向巅峰的秘诀。

对于性格内向、不善表达的员工，管理者可以鼓励他们把自己的意见、想法和建议写出来，以书信的方式进行沟通。作为管理者，可以选择回信，也可以在看完员工的书信后，和员工面对面沟通，总之一定要表达出对员工的重视。

2. 为广开言路设立特别的沟通渠道

在通用电气，杰克·韦尔奇曾专门设了一个电话专线，留给销售员向他反馈市场情况。每当销售员签下了一单生意，或了解到宝贵的市场信息，都可以随时给韦尔奇打电话。韦尔奇无论多忙，都会马上放下手头的工作，耐心地接听销售员的电话。他会在电话里表扬销售员签下一单生意，会感激员工提供的宝贵信息，还会针对销售问题询问员工的意见和想法，这让销售员充分感受到了尊重与赏识，让他们很受激励。

韦尔奇的做法告诉我们：想让员工畅所欲言，管理者先要表现出倾听的诚意，倾听的诚意表现在为员工设立一种特别的沟通渠道。除了设立电话专线，管理者还可以创建公司内部的 QQ 群、微信群，甚至可以针对几个你想沟通的员工，建立一个临时会话群，方便大家无拘无束地发言。

3. 采纳合理建议，并给予员工表扬、感谢和奖励

要想充分激发大家发言，从而发挥集思广益的作用，最重要的一点是对员工的意见和观点做出积极的回应。除了耐心倾听和按时回复之外，管理者应该积极采纳合理意见。这对员工是最好的认可。而且，如果员工的意见为企业带来了效益，企业还应奖励员工，表达对员工的感谢，这样更能激发大家献计献策。

阅读思考：

（1）根据本节的主题，解释"我从不会犹豫提升一个我不喜欢的人当官"这句话的内涵。

（2）为什么管理者要倾听并接纳不同意见，不同意见到底有怎样的神奇力量？

第八章
严格检查，催生员工强大执行力

惰性是人的天性之一，管理者若指望员工自我管理、自我约束、自动自发地把工作落实到位，那显然是不太现实的。这就是为什么IBM前总裁郭士纳会说："员工不会做你希望的，只会做你监督和检查的。"这句话就是在提醒管理者要重视监督和检查，这才是促使员工把工作落实到位的有力举措。

1. 一流执行要有一流监督

经常有管理者抱怨下属工作执行不到位，"半截子"工程太多。但抱怨解决不了问题，唯有监督和检查才能解决问题。为什么呢？因为管理者把工作分配下去之后，下属能否按照管理者的期望去执行，管理者只有通过监督才能知道。只有通过监督和检查才能及时了解下属的执行情况，才能适时指导下属把工作做到位。

纽豪斯电器公司是德国一家大型公司，总经理纽豪斯非常重视工作监督。他认为，监督是保证执行效果的重要手段。小到一张票据，大到上百万欧元的项目研究，他都要求相关部门做好监督工作。

有一次，后勤部门的员工 Mahncke 去采购电风扇、凉席等，为员工宿舍增加些生活用品。由于这家小商店没有正规的商业发票，因此，就给了 Mahncke 一张等额的 500 欧元餐饮票代替。尽管如此，这张餐饮票最终还是没能通过财务部门这一关口。财务部门弄清楚事情的来龙去脉后，仍然坚持让 Mahncke 找商店老板补办合格发票。

没办法，Mahncke 只好按照公司的制度办事，老老实实地去找那家商店的老板，把公司的情况如实地向对方说明，要求对方无论如何也要补办一张合格的发票。看到 Mahncke 如此坚持，商店老板也只好设法为他补开一张正规发票。至此，这件事情才算圆满解决。

纽豪斯电器公司，类似的事情并不少见，有时候员工难免会抱怨相关部门太较真儿。而这时，纽豪斯就会站出来，严肃地对大家说："较真儿不是坏事，尤其是在严肃的问题上，较真儿是为了督促大家把工作落实好，这种监督是我们需要的，是我们公司发展的重要保障。"

IBM 公司前总裁路易斯·郭士纳谈到管理时，说过这样一句话："员工做你要检查的东西，而不是你期望的。"这句话道出了管理的精髓，即检查和监督是促使员工把工作执行到位的有力举措。就像案例中的纽豪斯电器公司，正是因为有了纽豪斯的严格监督，财务部门才会去严格执行公司制度，从而为那些不遵守公司制度的员工敲响了警钟。

优秀的管理者懂得，工作安排下去之后，还要定期或不定期地检查和监督，追踪员工的工作进度、把关员工的执行效果，督促员工认真把工作落实到位。除了管理者要积极行使监督和检查权，企业更应该建立科学合理的监督和检查机制，用制度规范员工的执行，保障团队执行力。

具体来说，为了保证下属高效地完成工作，管理者对下属的检查与监督应做到以下几点：

1. 工作任务分配后要持续关注下属

工作任务分配之后，管理者有必要持续地关注员工。比如，通过例会、书面报告、口头汇报等方式，定期获悉员工的进展情况。通过对工作进度的了解，帮助下属发现当前工作中存在的问题、有必要注意的地方，提醒员工有效地规避问题；对于员工当前工作中表现出色的地方，应予以及时的肯定和赞扬，激励下属再接再厉。

2. 监督要抓关键环节，避免"监督"变"监控"

适当的工作监督，对促进员工的积极性是很有帮助的，但如果监督过于频繁，过于严厉，往往会把监督变成监控。没有人愿意被人监控，因为在监控之下，意味着被监控者失去了自由和尊严，得不到信任和尊重。因此，管理者必须掌握好监督的关键，在工作的重要环节上落实好监督制度。

管理者监督只是为了督促员工按时完成任务，不走偏路，至于员工具体是怎么做的，则无须过问太多。否则，势必会引起员工的不满，让员工产生不被信任的感觉，影响员工工作的积极性。

比如，在下属工作初期，监督下属的工作计划是否科学、合理，监督下属工作的开展是否顺利，替下属把控执行的方向；工作中期，监督下属的工作进度、工作期间的困难等；工作后期，监督下属执行的后劲，看看下属是否能够一鼓作气地完成工作，以及工作收尾时的细节问题。

3. 监督不应该是无声的，而应该有反馈和奖惩

在监督下属执行时，有些管理者不爱"发声"：不论是对下属的执行满

意，还是不满意，他们都不爱发声，原因不外乎担心赞扬下属，引起下属产生不必要的骄傲情绪；担心批评下属，打击下属的积极性，得罪了下属，搞得上下级不愉快。

对于存在这种心理的管理者，忠告是：监督本身就是一件"得罪人"的事情，关键在于怎么做。如果管理者做得公平、公正，对所有下属一视同仁，那么，不但不会得罪人，相反还会赢得大家的信赖。即使批评表现不佳的员工，当时会让员工产生一些不悦，但事后他们还是会懂得感激的。因为有了管理者的监督，员工才能把工作做得更好，才能提高工作效率，提高公司的效益。

4. 设立监督机构专门负责监督和检查

管理者可以根据企业的实际情况，建立一个专门的监督机构，这样一来，不仅可以提升企业的执行力，而且企业的制度落实情况、产品质量、生产安全等也都会获得保障。

森特里克能源公司是英国著名的煤气供应商，也是全球五百强企业排名很靠前的一家大型企业。如此庞大的公司，拥有着一流的执行力，这得益于他们独特的监督机构——外派监事会。

外派监事会独立于各个分公司之外，只接受总公司的管理、对总公司负责。它不从各分公司拿薪水，这就切断了它与各分公司之间的利益联系。每年，监事会都要对员工执行制度的情况做一番定期或者不定期的监察，其监督方式也是多种多样。

拥有这样一流的监督机构，会让员工的执行力越来越好，公司的效益也会稳步提升。

可见，设立监督机构对强化企业的监督有不可替代的作用，它不参与企业的内部具体管理，不干预企业的生产经营，不插手企业的内部事务，却能有效地发挥监督作用，保证企业的正常运营。

阅读理解：

（1）为什么监督和检查是保证员工执行力必不可少的手段？

（2）外派监事会为什么要独立于分公司之外？

2. 关注过程，对落实情况持续跟进

很多公司都强调："以结果为导向，执行就要有结果。"管理者也经常对员工说："别跟我讲过程，我不想听，请给我结果！"重视结果，无可厚非，但不能因此而忽视了员工的执行过程。作为管理者，只有重视员工的执行过程，对员工的工作落实情况持续跟进，才可能换回最满意的结果。

创立于 1919 年的美国希尔顿酒店，在将近百年的时间里，从一家扩展到 200 多家，遍布世界五大洲的各大城市，成为全球最大规模的酒店之一。希尔顿酒店之所以顾客盈门、生意兴隆，财富与日俱增，与其独特的经营理念密切相关。希尔顿酒店为顾客创造"宾至如归"的文化氛围，通过服务人员的"微笑服务"很好地展现出来。

希尔顿酒店创始人、董事长康拉德·希尔顿在 50 多年的管理生涯中，不断在各个分店之间飞来飞去，他积极走进每一家分店视察工作，只为检查员工是否将"微笑服务"贯彻于行动之中。

每次在分店视察时，希尔顿都不忘提醒员工："今天你微笑了吗？"微笑服务不仅让希尔顿酒店保持旺盛的生命力，还在 20 世纪 30 年代美国遭遇经济大萧条时，拯救过希尔顿酒店的命运。

当时的经济危机造成很多美国企业倒闭，希尔顿酒店也同样面临厄运。这时，希尔顿依然坚持在各分店之间走动，督促员工贯彻"微笑服务"制度。在他的持续监督和检查下，微笑服务制度让希尔顿走出了低谷，迈进了高速发展的黄金时期。

如今，希尔顿酒店的"旅店帝国"已伸延到世界各地，其资产也达到了数百亿美元，是全球最负盛名的酒店集团公司。

伟大的公司也是靠员工贯彻落实各项制度、完美执行各项工作，由此一步一步发展起来的。希尔顿酒店的成功告诉我们，管理者应该持续关注员工的执行过程，持续跟进员工的制度落实情况。这样才能促使员工把制度文化变成行为习惯，再通过行为习惯创造生产力，创造价值。

事实上，强调"顾客就是上帝"、"微笑服务"的公司数不胜数，但是像希尔顿酒店那样，从一而终坚持贯彻这种理念的公司凤毛麟角。这不是员工的素质问题，也不能责怪员工执行不到位，而是管理者不能持续监督和检查导致的。

有一项调查结果显示：在公司里，只有20%的员工会自觉地努力工作；有60%的员工要靠监督才能完成工作；最后还有20%的员工很难独立完成工作。身为管理者，如果你只是对下属的工作提要求，希望下属如何如何，而不去监督，那么下属往往不会按时完成。如果你只是某个时间去检查，那么员工的工作效率只会在那个时间段提高一点。只要你不去检查和监督，员工就不会重视，尽管这些工作很重要。

经常听到管理者这样质问下属："这个问题我已经跟你们强调很多次了，怎么还这样？"显然，这句话所反映的问题症结是：如果下属没把工作做到位，没达到你的要求，那么责任主要在于你。因为你没有做到持续检查，没有制定一套合理的制度来促使员工把工作执行到位。那么，怎样才能做到持续监督和检查员工呢？

1. 不要坐在办公室等汇报，而要经常走出去了解情况

很多管理者习惯于坐在办公室里听下属的汇报，殊不知，只坐在办公室，是无法发挥监督作用的。聪明的管理者应该经常走到员工中，走到一线中去，和员工聊聊工作，了解员工在执行中遇到的困难，了解公司制度的落实情况，由此发现企业发展中存在的问题。这样才能给员工制造无形的约束力，也能够拉近与员工的距离，对员工实施更好的激励作用。

2. 检查工作的同时，管理者还应身体力行贯彻落实制度

身为管理者，绝不是制度之外的监督者，在监督员工的同时，还需提高自身的修养，为大家做表率。这样才更能赢得人心。在这方面，中国奥康集团的老板王振滔就做得很好。王振滔为人谦虚、节俭，不吸烟、不喝酒，出差不吃大餐。在公司里，他和员工们吃的是同样的快餐。王振滔认为，当员工看到管理者做出表率时，他们往往会自觉地要求自己按规定办事，管理者

的表率对员工就是一种无形的监督。

3. 擦亮眼睛发现问题，及时调整和完善监督机制

在监督过程中，管理者还应及时了解情况，发现原有监督制度的缺陷，不断地调整和完善监督机制，让下属没有机会钻制度的漏洞。举个简单的例子，当管理者发现罚款无法根除员工的不良行为，甚至对制止员工的不良行为没有作用时，一定要思考为什么罚款会失去作用，深刻地分析员工的心理，找到员工最忌惮的处罚方法。这样，监督机制才能发挥出理想的作用。

4. 规范考核制度，把平时表现作为绩效考核的内容

员工的执行结果、工作绩效是很多公司的重点考核内容。为了帮助员工取得好的绩效和执行结果，我们建议企业应该规范考核制度，把员工平时工作中的表现列为绩效考核的内容之一。比如，考核员工的工作态度、服务质量，使员工自觉提高自我要求、提高个人职业素养。

阅读思考：

（1）为什么完美的执行团队离不开监督和检查，而且需要持续性的监督和检查？

（2）为什么要把员工平时工作中的表现列为绩效考核的一项内容，这样做有什么好处？

3. 紧盯结果，关注工作的"回报"

美国体育界有一句口头禅："Watching The Ball！"意思是"紧盯着球"，心无旁骛，才能确保击球成功。在球场上，球就是运动员眼中的目标，也是他们达成结果的手段。眼睛永远不要离开球，就像狮子在追逐羚羊时那样专注。

同样在企业中，管理者也应该紧盯结果，关注员工每项任务的"回报"，即关注员工每项工作执行的效果。唯有保证每项工作都执行到位，最终的结果才会令人满意。如果管理者眼中无结果意识，心中无监督意识，行动上不去关注、检查员工，那结果往往会令其大失所望。

成立于1928年的摩托罗拉公司，是世界财富百强企业之一，是全球芯片制造、电子通信的领导者。然而，就是这样一家大型企业，曾在2001年遭遇了严重亏损，多个项目以失败告终。原因是什么呢？就是公司高层对下属的执行缺乏了"紧盯结果的意识"，没有关注员工的工作"回报"。

当时，担任摩托罗拉董事长的高尔文认为，企业要想迅速发展，就不能一人执掌所有权力，所以他便开始实行放权制度。在他的放权下，公司各部门管理者均可以自由发挥自己的智慧和权力。

然而，放权的同时他忽略了监督，忽视了对结果的关注。结果，下属的执行偏离公司的战略目标。最终，摩托罗拉在全球市场上的占有率大幅下降，公司股票也持续下跌。在2001年年末，摩托罗拉甚至出现了大幅度的亏损……

管理者永远要明白，只有当你的下属，当你的团队取得了好的结果时，你的存在才是有价值的。因此，重视员工执行的结果，积极关注员工的工作"回报"，不仅是对公司负责，更是对自己负责。唯有紧盯结果，你的管理行为才会得到回报。

值得注意的是，在紧盯结果、关注"回报"时，管理者务必注意以下几点：

1.给结果下一个清晰的定义，别把完成任务当结果

很多管理者最关心的不是员工在工作过程中出了什么问题，而是关注有没有解决问题，有没有结果？其实，殊不知，任务只是结果的一个外在形式，它并不能代表结果，有时还会成为我们执行不到位的借口。比如，无目的的招商活动，当招商大会结束时，营销部门认为自己完成了任务，可是招来了多少经销商呢？所招的经销商的质量怎么样呢？这些问题营销部门似乎不去思考。

管理者把任务等同于结果，认为完成了任务，就是达到了结果，这种认识是不对的。因此，管理者必须给结果下一个清晰的定义，搞清楚做事的目的，弄清楚企业设定这个工作任务的意图。然后，把这个任务的目的和企业的意图告诉下属，让下属按企业所期望的方向去执行，这样才更容易收获满意的结果。

2.关注结果不等于轻视过程，而是关注过程如何达成结果

"我只管结果，不管过程。"这是很多管理者常挂在嘴边的话，这也似乎成了上级对下级的统一要求。表面上看，这些管理者非常重视结果，但实际上他们对结果是极不负责的。因为关注结果，所以不管过程，但好的结果往往是由好的过程换来的，如果过程出了问题，结果又怎么会好呢？

一个满嘴"我只管结果，不管过程"的管理者，其实是在为自己"不监督"、"不检查"开脱。管理者要明白，执行过程中的每项小任务都会影响最终任务的结果，执行过程中每个人的执行效果，最终都会影响最后的结果。如果你紧盯结果的同时，不忘关注员工各项工作的"回报"，那么好的结果自然会来。

3.关注团队协作的效果，追求资源共享、行动一致

片面地关注结果本身，并不能如愿以偿地获得好结果。管理者还需将结果意识灌输到团队、灌输给每个人，让团队成员明确结果的重要性，明白结果与自己的工作价值是对等的，才能真正实现目标管理的精髓，才能真正把好的结果做出来。

相信每个管理者都明白，团队的成功依靠每一位员工对卓越的追求，团队的协同作战依赖于每一位员工对结果导向的追求。因此，管理者要重点关注团队协作的效果，鼓励大家资源共享，行动一致，这样才能确保结果令人满意。

阅读思考：

（1）为什么关注结果不能忽视过程？结果与过程之间有什么关系？

（2）不能把任务当结果，那结果到底该怎样去理解呢？请给结果下个清晰的定义。

4. 全员行动，让员工之间互相监督

来自于管理层的监督和检查，是下属执行到位的外在驱动力。可是管理者精力有限，不可能整天围着下属转，在这种情况下，怎样才能做到全方位地监督下属呢？其实，有个既节约成本，效果又显著的监督策略，那就是调动全体员工的监督意识，鼓励大家相互监督。

在很多德国公司，有一个特别的机构叫"监事会"。该机构有一个显著的特点，那就是职工参与制。一般来说，德国公司的监事会有三分之一是普通员工，他们是从全体员工中选举出来的，是职工队伍的代表人物，承担着检查和监督的重任，寄托了全体员工和公司领导的殷殷期望。因此，他们一般都很珍惜这个监督工作，绝不会在监督中"和稀泥"，做"老好人"，而是认真地履行监督责任。

员工参与到监督中来，是企业民主化管理的重要体现，它表明在企业中，员工也有义务和责任参与管理。这种民主的企业风气，是我们很多企业所缺乏的。作为管理者，有必要借鉴一下国外一些优秀企业的管理机制，鼓励员工参与到监督中来，这对提高公司的执行力有着重要意义。

美国联邦快递的 CEO 弗雷德·史密斯十分重视全员监督制度的推行，不仅是员工之间相互监督，员工与管理者之间也要相互监督。他甚至明确提出：每一位管理者上任之后，每年都要接受老板和员工的评估。如果一位管理者连续几年得到的评估值低于一个预定的数值，那么等待他的只能是解雇。

联邦快递的员工每年都会收到一份问卷调查，该份问卷调查包含 29 个问题，前 10 道题是与个人有关的，如"主管尊重你吗？"这 10 道题的综合得分形成领导指标，该指标关系到管理者的红利，并占到了管理者底薪的40%。如果领导指标没有达到预定目标，那么管理者将拿不到红利。

接下来的问题主要是调查直属上司的管理态度，最后一题则是问公司过去一年的表现。调查结果出来后，按照不同的团队做成一览表，将各位管理者的得分按照高低排序。综合来说，这份问卷关系到管理者的"钱途"和事业，一旦评分不达标，后果将会很严重。因此，管理者平时要善待员工，善待工作。而对员工而言，他们的监督和评分会影响公司的发展。

有个联邦快递的部门经理曾在一个题为"我的上司供应我们所需的支援吗？"中，只得到14分。在随后召开的探讨会议上，该经理虚心地接受员工的批评和教育。从那以后，该经理开始在部门内部走动，听取员工的心声，并草拟富有弹性的工作时间实施方法。其中，还有一项特别的办法，就是如果员工因孩子生病而不能上班，那么在日后加班弥补即可。这些办法实施之后，不仅提高了士气，也提高了生产力。

俗话说得好："群众的眼睛是雪亮的。"鼓励全员监督不仅能让员工感到自己的重要性，还能在无形之中提升员工的责任意识和主人翁精神，促使员工提高自我要求，这样更有利于大家执行到位。

鼓励员工参与到监督工作中来，管理者就应转变自己的观念，为员工监督创造条件，同时，在具体监督的时候，要注意以下几点：

1. 搭建监督平台，畅通监督言路，拿出接纳监督的诚意

要想员工真正参与到监督中来，企业就必须拿出接纳监督的诚意，让员工看到企业真的需要大家的监督。通过搭建监督平台，畅通监督言路，让员工在监督中发现了问题有机会及时汇报给监督部门。比如，公布监督邮箱，设立监督信箱，让员工可以随时随地汇报情况。

另外，特别强调一点：监督、汇报应采取匿名制的形式进行，以消除员工"害怕得罪人"、"害怕遭到打击报复"的心理顾虑。匿名制的好处是，被监督者、被检举者完全不知谁在监督他，唯有相关管理者知道，而管理者也应该做好相应的保密工作。

2. 重视员工的监督和反馈，及时对员工做出回应

对于员工反映的情况和提出的意见，管理者要认真分析，采纳积极合理的建议，及时给员工回应，并将正确的意见落实到企业管理中，让员工看到管理者充分尊重员工的具体行动，这样才能进一步激发员工监督的积极性。

在这方面，杰克·韦尔奇就做出了表率，他力争把通用打造成一家"没

有界限的公司"，于是，"毫无保留地发表意见"就成为该公司一条重要的工作准则。

韦尔奇担任通用电气总裁后，每年通用电气都会多次、不定期地召开"大家出主意"会，参会员工一年累计下来有 2 万到 2.5 万名，每次与会者大约有 50 到 150 人，主持者要引导大家坦率地陈述自己的意见，以期及时找到生产上的问题，改进管理方法，提高产品和工作质量。

韦尔奇要求各级经理都要参加基层的"大家出主意"会，他还以身作则，带头示范，在会议上认真倾听，并及时对员工提出的意见进行反馈。这一活动，给企业员工的精神面貌带来了很大改善，也给公司带来了生气，取得了很好的效果。

3. 奖励员工的监督行为，强化员工的监督积极性

当员工在监督中有了及时的汇报、维护了公司利益时，企业应给予员工适当的奖励，以强化员工的监督积极性。比如，公司的财务主管挪用公款、私做假账，这一情况被知情的员工汇报给领导，领导及时调查，发现情况属实，那么，公司不仅要严惩财务主管，还应奖励汇报者。当然，奖励行为不可公开，私下进行即可。比如，奖励员工 300 元。具体奖励多少，应根据员工汇报的信息的重要程度来定。有奖也要有罚，如果发现员工汇报情况不属实，管理者先要对其进行批评教育，若再有不属实的汇报，则应严惩。维护监督的严肃性，防止员工借监督之名，恶意诋毁他人。

阅读思考：

（1）为什么要动员大家参与到监督中来？全员监督有什么好处？

（2）为什么要采用匿名制的方式去监督他人？

5. 发现问题，要第一时间消除隐患

在多年的企业管理研究中，很多企业之所以出现大问题、大事故，往往是因为管理者对小问题、小隐患不重视。由于他们不重视小问题、小隐患，导致多个小问题、小隐患累积到一起，最后发生裂变，爆发出大问题、大事故，直接威胁企业的发展。

很多管理者都知道"温水煮青蛙"，当水温从常温一点一点升高时，青蛙完全意识不到危险的到来，相反，它一开始会适应这个温度的上升。等到后来水温上升到它无法适应的程度时，它才意识到危险的到来。可这个时候，它再想逃出来已经不可能了。

"温水煮青蛙"表现的是一种混沌理论，即在混沌系统中，初始条件的微小变化不会让人察觉，即便被人察觉了，也不会引起人的重视，可是经过不断地放大，这些当初微小的因素会对未来的状态造成巨大的影响。

正所谓："千里之堤，溃于蚁穴。"在企业发展中，小问题、小隐患就如同蝼蚁般渺小，如果你不重视它们，它们可能会给企业带来毁灭性的打击。

沈阳某车床制造厂曾发生过一起生产事故。一位工人在操作钢板切割机时，左手被卷入切割机里，手臂当即被切断，场面惨不忍睹。事后调查发现，事故发生的原因是切割机上的挡板掉了，没有及时安装上去，导致工人操作中出现意外。

原本这起安全事故是可以避免的，因为两天前，公司领导巡视车间时，就发现了切割机上的挡板不见了。当时他提醒员工把挡板安装上去，但员工忙于工作把这事忘了。而事后领导也没有及时监督，结果两天后就发生了这起悲剧。

如果领导提醒员工要把挡板安装上去，第二天上班前再次检查，发现挡板没安上，当即要求安上，或领导第一次提醒员工时，就要求马上安上，否则，不能继续工作，那么这起悲剧就不会发生了。可惜世界没有如果，后悔已经晚了。这就好比治病救人，等到发现病入膏肓时，才去救治，恐怕已经来不及了。

春秋战国时期，有位名医叫扁鹊。魏文王曾闻扁鹊医术高明，特意召见扁鹊，并与扁鹊有一段很有名的对话：

魏文王："听说你们家兄弟三人，个个都精通医术，到底谁的医术最好呢？"

扁鹊："长兄最好，中兄次之，我最差。"

魏文王："那为什么你最出名呢？"

扁鹊："因为我长兄治病，主要治疗病情发作之前。一般人不知道他事先就铲除了病因，所以，他的名气不容易传出去；我中兄治病，主要治疗初发时的疾病，一般人以为他只能治疗轻微的小病，所以，他的名气只流传于本乡里；而我扁鹊治病，是治疗疾病严重时，一般人见我在经脉上穿针管来放血，在皮肤上敷药等等，以为我的医术高明，所以我的名气响遍全国。"

扁鹊对兄弟三人治病所长的分析可谓鞭辟入里，让人恍然大悟。

其实，发现企业中的问题和隐患，与治病救人的道理一样。善于从细节中发现问题，从反常现象中发现企业存在的隐患，并及时解决问题，消除隐患，才是最高明的管理者。

真正优秀的管理者，不是在事故发生时慌忙地组织人员解决问题，而是在平时就重视巡视和监督，一旦发现安全隐患，就立即行动，将隐患消除在萌芽状态。他们深知，如果不重视小问题，一旦小问题恶化成大问题，再解决难度会大增，而且还不一定能解决，对企业是不利的。

事后控制不如事中控制，事中控制不如事前控制。要想做好事前控制，就必须具备发现问题的能力。这就要求管理者坚定地落实监督机制，在监督中发现问题，及时消除隐患，为企业健康发展保驾护航。

1. 监督中发现问题后，不能模糊，不能马虎，不能心存侥幸

企业发展过程中，没有小事一说，凡是影响企业发展的问题，都应该及时消除在萌芽状态。一位车间管理者在谈到安全生产时强调："企业安全管理千万不能模糊，不能马虎，不能心存侥幸，不能走过场！"

那些不屑于解决小问题的管理者，在对待监督中发现的问题，往往抱以模糊、走过场的态度。发现问题之后，不督促下属解决，而是随口说一声，也不持续关注这个问题是否解决，这就很容易留下隐患。上文中安全事故的发生，与管理者督促不力有很大的关系。假如管理者督促下属把安全挡板马上装上，这起事故就能避免。

2. 解决问题要注重时效性，马上、现在、立刻去做，绝不拖延

企业管理中，有些问题没能解决，往往是因为解决得不够及时。再回到上文的安全事故中，假如管理者发现切割机上没有安全挡板，只是提醒下属一句，这并不能引起下属的重视。所以，下属才会拖延，以至于忘了这回事。

如果管理者当时发现问题，就要求员工立即将挡板装上，甚至看着员工完成挡板安装工作后才离开。那么，安全隐患就消除了。可见，消除隐患要及时，要立刻、马上、现在就去做，绝不能拖延，拖延往往是会付出代价的。

阅读理解：

（1）扁鹊医术不如两位兄弟，为什么他最有名气？从扁鹊的回答中，你能联想到企业管理中那些力挽狂澜的危机拯救者为什么出名吗？

（2）为什么强调事前控制？仅仅是因为事前控制比较容易解决问题吗？事前控制还有什么好处？

6. 严肃处理，给违反者以警示

在监督员工执行制度规定的过程中，当发现员工有不良的行为时，管理者应及时批评教育，甚至应该严肃处理，追究其责任。强调监督与检查，绝不能"光打雷不下雨"，在监督与检查中发现员工的问题，一定要及时处理，给大家一个警醒。只有这样，监督与检查机制才会真正产生威慑力，才能给员工以约束和鞭策。

2002 年，正处于高速发展中的百度公司，一方面要面对独立流量带来的广大用户，另一方面还要为与他们合作的门户网站提供搜索服务。每一天百度搜索都要承受巨大的访问压力，这个压力已经接近了服务器承载的极限，这直接考验着百度服务器的稳定性。

当时，负责百度服务器的是 Dan，他很清楚，如果访问量继续增加，很可能导致百度服务器运行不稳定，严重影响用户的搜索体验。可就在这时，部门与一个门户网站展开合作，对方希望马上就能享用百度的搜索引擎服务。Dan 虽然犹豫了，但最后还是同意了这个服务上线。结果，连续两天百度网站的稳定性都很差，很多用户无法百度出正常的结果。无奈之下，那个刚上线的服务只能紧急下线。

对于这次事故，Dan 的上司李彦宏很客观地进行了问责。他对 Dan 说："你的职责是保证百度服务的可依赖性，这次事故你有很大的责任，你要好好反思，以后不要再犯这样的错误了。"

说完这些，李彦宏马上把话题转移到如何解决百度服务器承载量的问题上，然后与 Dan 商量解决方案。在讨论中，Dan 说出了自己准备的解决方案，李彦宏非常认真地听着，不时点点头，然后很投入地和他讨论解决方案中的细节。

现实中，有些管理者在追究当事人责任时怕得罪人，不敢追责到底，其实，只要管理者做到对事不对人，就不会引起员工的不满。像李彦宏那样，客观地分析问题，实事求是地指出员工的不足，就能达到很好的批评效果。

事实上，最好的对事不对人就是建立完善的监督与处罚制度。当员工的行为违反了相应制度时，就按照制度的规定处罚。在制度面前，人人平等，定能很好地维护制度的公平性，防止员工产生不满情绪。

世界最大的软件公司美国甲骨文股份有限公司（Oracle），是第一家进入中国的软件巨头。公司的创始人 Larry Ellison 谈到公司内部管理时，多次提到监督与处罚机制，他表示这样有利于约束员工，让员工更好地承担相应的岗位责任。

Larry Ellison 说，公司给大家提供了充足的施展才华的空间。在这个空间里，员工要自己去设计建立良好的运行机制的方法，并且对自己的行为负责。如果他们在落实制度、执行任务方面出了差错，管理者会对当事人进行处罚。这种管理制度既可以充分调动员工的创造性思维和进取心，又能提高员工的责任感。

身为管理者，在监督下属的执行过程中，难免会发现下属的不足，此时对下属进行批评教育或处罚是很有必要的。要想让下属欣然接受批评教育，管理者就要做到对事不对人的批评教育和处罚。具体来说，应注意以下几点：

1. 出了问题时不应该只处罚当事人

出了问题包括员工违反了规章制度，或执行中出现重大差错，这个时候除了批评教育和指导纠正之外，还应结合具体情况进行必要的处罚。说到处罚，就有一个对象的问题。很多人很自然地想到，处罚的对象就是执行者。这肯定是没错的。

可是，仅追究执行者就够了吗？当然不是，除了追究执行者的责任，还应追究相关者的责任，比如，执行者的直接上司，因为他可能没有尽到监督责任。还有相关配合人员，如一项工作一个人完成起来有难度，上司在下达工作指令时，曾要求另一位下属配合完成，但配合者未尽到责任，也应该被处罚。这样才能真正调动起直接上司的监督积极性，以及激发出相关配合者的执行积极性。

2. 监督者、管理者应该深入地自我反省

当员工接二连三地犯错时，当员工不把制度放在眼里时，作为监督者、高层管理者，应该问自己：为什么不能让公司里的问题少一点呢？哪些方面还做得不够？是不是只追究责任，没有给员工指导？如果管理者能经常反问自己，那么在监督与管理方面会表现得更出色。

作为管理者，尤其是执行者的直接上司，应该敢于自我找问题。因为管理者也是监督者，是责任的连带者。当下属表现不佳、执行不到位时，作为直接上司，也是有渎职之责的。因此，当着下属的面，做一番自我反省，更有利于下属虚心听取批评。

有些管理者不懂得自我反省、自我处罚，下属工作出了问题时，他们总是把责任全推给下属，这很容易引起下属的不满。而聪明的管理者懂得，下属出错，自己也有责任，在批评下属的同时，也承认自己的错误，并替下属揽责，这更能赢得下属的尊重与信任。

3. 公平处理，依据制度做出相应责罚

处罚不能只动嘴皮子，不来实际的。既然公司有处罚制度，有违反制度的相应处罚，那么，当下属的行为违反了制度时，管理者除了批评下属，处罚下属，还应按制度规定，对下属做出相应的处理。该通报批评的通报批评，该扣奖金的要扣奖金，该交罚金的要交罚金。总之，处罚不能只重形式不重实质，只有这样才能维护制度的威信，帮助下属成长。

阅读思考：

（1）怎样才能维护监督与检查机制的权威性和严肃性？

（2）为什么要处罚直接上司和相关配合者？这样做能体现出什么？

第九章
多重激励，提高流程的运转效率

在企业发展过程中，需通过多种有效的手段，对员工的各种需要予以不同程度的满足或者限制，以激发员工的需要、动机、欲望，从而使员工在工作过程中保持高昂的情绪和持续的积极状态，充分挖掘潜力，全力达成预期目标。有效的激励不仅可以稳定团队人员，还能给员工营造归属感，让员工在企业看到自己成长和成功的希望。

1. 物质激励：每个员工都需要以薪换心

两千多年以前，史学家司马迁曾说："天下熙熙，皆为利来；天下攘攘，皆为利往。"这句话十分透彻地道出了人性。正所谓"无利不起早"，企业发展是为了谋求最大化的经济利益，员工为企业效力也是如此。

在马斯洛需求层次理论中，物质需求处在最底层。因此，企业要想激励员工、留住人才，就应该设法满足员工的物质需求。员工为企业带来了多大的价值贡献，企业就应该按照一定的比例，给他们相应的薪酬和福利待遇，这就叫"以薪换心"。当企业在薪酬和福利上不亏待员工时，员工才会死心塌地地为企业效力。

SAS 是全球最大的软件公司之一，是全球商业智能和分析软件与服务领袖。自 1976 年创立于美国以来，公司收入和利润稳步提高，凭借雄厚的资源，公司在产品开发和客户支持方面取得了源源不断的新成就。全球 120 个国家的 5 万多家客户都在采用 SAS 的解决方案，其中包括《财富》全球 500 强企业前 100 家企业中的 93 家。

SAS 在短短的 41 年时间里，取得如此大的成就，与其重视提高员工的薪酬待遇是分不开的。凭借这一举措，SAS 的人才流失率长期保持在 4% 以下。这在人才紧缺、人才流失率高达 20% 的软件行业简直是一个奇迹。

曾有人问一名 SAS 员工："为什么你们愿意为公司效力？"

SAS 员工说："我们在这里享受到了独特的奖金，在工作中，公司为我们提供了先进的设备；在承担的项目中，我们可以享受很多有吸引力的奖金政策；在与同事共事时，大家相互配合，相处愉快……"从这名员工的话中，我们可以看到物质激励的重要性。

在生活成本居高不下的今天，绝大多数员工都希望获得更多的薪水，以提高自己和家人的生活条件。对于企业来说，如果希望将人才流失率控制在较低的水平，如果希望优秀员工为企业创造更多的价值，就必须学会"舍得"付出。

俗话说："舍不得孩子套不住狼。"企业只有舍得对员工下本钱，员工才会努力为企业赚更多的钱。这就是为什么杰克·韦尔奇会说："员工工资最高的时候企业成本最低。"这其中的道理想必不用解释吧！

除了给员工高薪，企业还可以从五个方面去满足员工的物质需求（图22）：

图22　物质激励的多种手段

1. 给奖金

除了薪水，奖金是最直接的物质奖励。奖金的种类多种多样，企业完全可以根据自身的情况去设定奖金项目。比如，全勤奖、超额完成目标奖、合理化建议奖、节约奖、创新奖等等。奖金额度企业根据自己的经营状况和承受能力来定，奖金周期可以每月评一次，每季度评一次。通过多种多样的奖金激励，可以极大地丰富物质激励项目，最大化地满足员工的物质需求。

2. 给年终奖和分红

如今，年终奖和分红已成为许多中小公司用来激励员工的重要手段。比如，上海一家纺织厂为了调动员工的工作积极性，提高公司的整体效益，制定了一套具体的奖励办法：

（1）超额完成工作任务 20% 的员工，在年终可获得奖金 1 万元。

（2）超额完成工作任务 40% 及以上的员工，在年终可获得奖金 2 万元。

（3）为企业做出重大贡献的员工，经过董事会集体商议，可获得3%～10%的原始股份。而且员工对所持的股份享有支配权，更可以凭此分到部分的红利。

这项奖励办法推出后，该厂很快就摆脱了巨大的经济压力，在随后的几年里迎来了发展的高峰。由此可见，给员工发年终奖和分红，可以让薪酬激励更具效果。

3. 给股份

20世纪50年代，美国凯尔索公司首次提出了利益捆绑的"员工股份制"。很快，这种激励模式就风靡了整个美国。很多人对此心存质疑："员工股份制，真能解决公司效率的问题吗？"

事实上，员工股份制是极为有效的保障措施。凯尔索公司很好地实施了该项制度，成功地将公司72%的股权，有计划地分批发给那些愿意为公司努力工作的员工。经过长达8年的时间，凯尔索终于完成了股权从管理层向普通员工转移的过程。这一举措在美国企业管理界引起了巨大的轰动，赢得了很多人的赞扬和支持。

截至1975年，民意测验专家哈特通过调查数据发现：有超过66%的美国人对"员工股份制"表示赞成和支持。1978年，民意调查专家哈里斯的测验得出了类似的结果：64%的美国公司职员认为，如果有机会分享公司发展成果，那么自己的工作效率肯定会提高。

如今，"员工股份制"已经被世界各地的企业借鉴。实际上，它是物质激励的重要组成部分，能最大限度地给员工提供最可靠的保障，再加上具有竞争力的工资，哪个员工会不充满干劲地为公司工作呢？

4. 给期权

最近几年，美国谷歌的员工频繁跳槽。据报道，从谷歌跳槽出来的员工中，有80%的人在跳槽之前，都与美国社交网络服务网站facebook接触过，而且其中大部分员工最后选择进入了facebook。

为什么谷歌员工频繁跳槽呢？一个重要的原因是员工在谷歌无法获得公司的期权。那为什么谷歌的员工会跳槽到facebook呢？理由是在facebook可以获得期权。

当然，有些跳槽者认为，facebook 的工作环境更有利于发挥自己的才能。但无论如何，我们都可以从谷歌员工跳槽事件中看到：追求物质需求的满足是他们跳槽的重要原因。因此，如果可以的话，不妨让员工有机会获得公司的期权，以便更好地激励他们为公司效力。

5. 给福利

为了更好地留住人才，企业除了给员工提供高薪，还应该给员工提供完善的福利。激励效果最显著的福利项目主要包括员工的医疗保障、住房补贴和社会保险等方面。比如，上海三枪集团就为优秀的人才提供了保健制度。他们可以享受特殊的保健待遇和医疗服务。再比如，四川长虹集团采取高标准住房待遇留人的制度，根据人才对公司贡献值的大小，为人才提供高、中档住宅楼奖励，这对企业留人起到了很好的作用。

我们再来看看美国星巴克，它将本来用于广告的支出用于员工的福利。并于 1988 年下半年实施了为临时工提供完善的医疗保障的政策。该政策规定：所有每周工作 20 个小时以上的兼职雇员，有权享受和全职员工一样的商业保险。随着公司不断发展，星巴克的福利项目也在不断增加，为员工提供的医疗费用范畴覆盖面越来越广，包括预防性医疗、健康咨询，牙齿、眼睛、精神治疗等各个医疗保健领域。

实际上，由于星巴克的员工大都比较年轻，身体状况也都比较好，公司在这方面的支出并不高。但这项福利激励，很快赢得了巨大回报。星巴克吸引了很多优秀的员工，并使他们留得更长久。

阅读思考：

（1）为什么说"员工工资最高的时候企业成本最低"？你是怎样理解这句话的？

（2）物质激励除了最基本的薪水，还包括哪些方面的激励？

2. 晋升激励：把晋升和降职纳入奖惩制度

在企业中，当员工创造出优秀的业绩，表现出突出的能力，并且这种能力足以胜任某个管理职位时，企业有必要对其进行一项特别的激励——晋升激励。相应地，当员工表现糟糕、业绩令人失望时，企业也有必要对其进行一项特别的处罚——降职处罚。在晋升与降职之间（图23），优秀的人才有机会凸显出来，从而获得展示才能的舞台。降职的管理者也会产生危机意识，从而知耻而后勇，这样整个企业的员工就会变得充满活力。

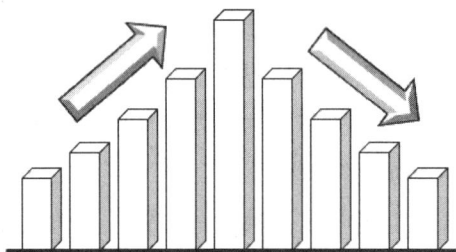

图23　根据员工业绩表现进行职位升降

把晋升和降职纳入奖惩制度，就如同在水池中加入了增氧机，原本一潭死水的水池，也能变成活水，水中充满了养分，水中的鱼儿才可以快活地游来游去。根据年度绩效考核成绩，决定人才的晋升与降职，可以大大激发企业人才的积极性，使大家积极争先，勇创佳绩。

在通用电气公司，提高工资和晋升职务与绩效考核是紧密结合的。通用公司的职员每年经过考核后，由低到高确定为五个等级。最高等级的员工将获得越级提拔，中间两个等级的员工将获得职务或工资上的提升。对待两个较低等级的人员，通用公司不是简单地辞退了事，而是先搞清楚他们业绩不好的原因，然后再给他们 6 个月的改进机会。

在改进工作期间，公司会将这类人员分三种情况处理：第一种处理方式是重新分配工作，把他们安排到最能发挥自身优势的岗位上；第二种处理方式是减少他们原承担的责任，降级使用；第三种处理方式是直接解雇。

晋升激励不只是职位的提升和薪酬的提高，相应的权责也会更大。因此，胜任力是晋升时要重点考虑的问题，如果员工无法胜任原职位，那么就应该将其降职，让能够胜任的人担任。

值得注意的是，升职降职看似简单，实则有很多要注意的地方：

1. 人才晋升看业绩，更要看领导能力

当某个员工在工作中创造出优秀业绩后，企业在打算晋升该员工时，不能只看其专业能力和所取得的业绩，更应该看他是否具备职位所需要的领导能力。因为获得晋升的员工，将成为某个部门的领导者，其领导能力如何直接关系到部门的业绩。如果员工只有专业能力，缺少领导能力，那么作为部门领导者，他就很容易陷入彼得原理的误区。

彼得原理是美国学者劳伦斯·彼得在对组织中人员晋升的相关现象研究后得出的一个结论：在各种组织中，由于习惯于对在某个级别上称职的人员进行职务提拔，因而员工总是趋向于被晋升到其不称职的级别。

举个简单的例子，一名教授在专业领域内发表了多篇优秀的论文，之后被晋升为校长，但他并不具备担任校长的管理能力，因而感到力不从心；一名优秀运动员荣誉贯身，在退役后被提拔为体育部门的主管，但在职位上他毫无作为。

为了防止晋升带来"不胜任"、"不称职"的现象，企业在决定提拔某位员工时，不能只看其业绩，还应看他是否具备领导力，这是担任管理者必不可少的素质。那么，什么是领导力，又该如何评判一个员工是否具有领导力呢？

美国前国务卿基辛格说："领导就是要带领人们从他们现在的地方，去他们还没到过的地方。"美国领导力发展中心创始人赫塞说："领导力是对他人产生影响的过程，影响他人做他可能不会做的事情。"

基层领导力源于自我驱动。对于普通员工来说，培养领导力重在"修

身"。一个具有领导力潜质的员工至少要具备四种能力：内驱力、沟通力、行动力、专业力。中层领导力来自角色转换需求，一个具有中层领导力潜质的员工也要至少具备四种能力：团队凝聚力、组织塑造力、跨界协作力和目标执行力。

2. 在提拔员工之前加个"试用期"

晋升作为一种激励策略，在具体的实施中，应该充分利用"试用期"来考察员工是否具备胜任某个更高职位的能力。比如，给他安排一些与要晋升的职位相对应的工作，考察一下员工的能力。

卡罗·道恩斯进入美国通用汽车公司（前身杜兰特汽车公司）半年后，想知道公司总裁杜兰特先生对他的评价。于是，他写了一封信给杜兰特，并表达出希望获得更重要职位的想法。杜兰特暗中了解了道恩斯的工作业绩，打算提拔他，但是在这之前，他给道恩斯布置了一项任务——监督新厂机器的安装工作。

道恩斯没有这方面工作的经验，但他还是接受了任务，并通过个人努力圆满完成了这项任务。道恩斯的表现深得杜兰特的欣赏，很自然他获得了职位上的提拔——被晋升为总经理，年薪是原来的 10 倍。

在晋升员工之前加个试用期，我们把这个试用期称为"非正式晋升"，即不正式授予职务，但让员工负责该职务应负责的工作，承担该职务应承担的责任，目的是考察员工在这个期限内的表现，以检验员工是否具备相应的能力。

3. 搞清楚为什么要对员工进行降职处理

如果我问："为什么要对员工进行降职处理？"很多管理者可能会说："因为员工的业绩太糟糕了。"如果我再问："为什么员工的业绩会糟糕呢？"可能很多管理者回答不出来。事实上，这恰恰是管理者在决定实行降职处罚之前应思考的问题。

员工业绩糟糕，是出于某种人力控制范围以外的原因导致的？还是这名员工之前被越级提拔了？决定实行降职处罚时，是出于员工的态度问题，还是出于员工的业绩问题。根据不同的原因，企业应采取不同类型的处理方法（图24），只有这样才能避免降职给员工带来的打击。

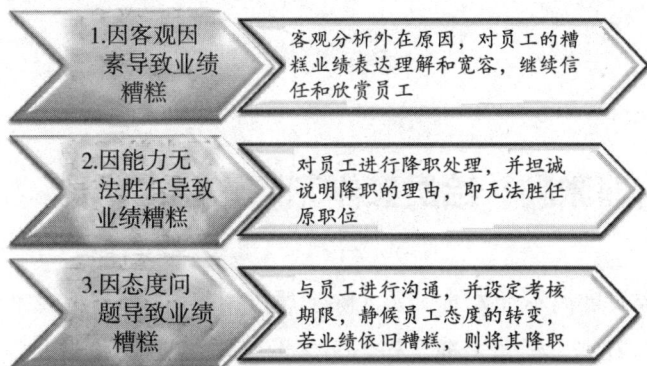

图24 对员工业绩糟糕的针对性处理策略

4.做好降职员工的情绪安抚工作

企业内部的各职位是相对固定的，有人晋升，就相应地有人要降职。被降职发生在任何人身上，都是一件不幸的事情。当管理者被降职后，优秀的下属成了他的上司，这会让他难以接受，很可能产生情绪上的波动，影响正常的工作。甚至激起嫉妒和仇视心理，与新上任的管理者对着干。

为了避免出现这种情况，高层在降职处罚某个管理者之后，一定要做好情绪安抚工作，让他认识到自己工作上的不足，要求他配合新上司做好工作，并且做好相应的监督工作。若发现有拆台行为，要对其施以更严厉的处罚。

阅读思考：

（1）为什么提拔员工时，不能只看员工的业绩？

（2）为什么在提拔员工之前要加个"试用期"？这样做能避免什么不良后果？

3. 培训激励：给员工学习和进步的机会

企业要发展离不开人才，人才除了通过招聘而来，更重要的是通过企业培养获得。日本"经营之神"松下幸之助曾说："松下电器是制造人才的地方，兼而制造电器产品。"在他看来，事业发展靠的是人才，而人才是靠企业自己培养。重视人才培训，给员工学习和进步的机会，是一家企业保持旺盛生命力的关键。

20 世纪 80 年代，电讯巨头摩托罗拉公司就做过这样一份调查：调查数据显示，每 1 美元的培训费用，在未来 3 年内将实现约 40 美元的生产效益。著名企业管理学教授沃伦·本尼斯更是直截了当地说："员工培训是企业风险最小、收益最大的战略性投资。"这句话清晰地阐明了人才培训对企业发展的长远意义。放眼全球，世界 500 强企业中，哪一家企业不重视人才培训？

法国爱森公司是全球最大的丙烯酰胺类聚合物的专业生产厂家，它生产的基丙烯酰胺在全球市场占到了 38% 的份额，年销售额近 10 亿美元。爱森公司在世界各地有 2000 余名雇员，有 23 个生产厂，30 多个企业分支机构。它的产品销到世界上 140 多个国家和地区，有大约 25 万个忠实用户。爱森公司从成立之日起，就一直保持着强劲的发展势头。在过去 8 年中，销售额年增长超过 10%。

爱森公司发展势头如此迅猛，与其一贯重视人才培训是分不开的。公司专门开设了一所"午间大学"，还设立了一系列内部研讨会，由外部专家亲临讲授，涉及的课题主要有营销和调研。如果某个员工想考取更高的学位，而这学位又与他所在的职位及业务有关，那么公司会全额资助。该公司的行政总监杰弗里表示："我们将公司收入的 2% 投入各项教育中去，员工对此表示欢迎，因为这是另一种收入形式。"

俗话说："舍不得孩子套不住狼。"对于企业而言，如果舍不得花钱给员工提供培训机会，往往留不住优秀人才。而人才是企业发展的根本，失去优秀人才的企业，再谈做大做强就是一句空话。所以，无论如何都要给员工提供培训机会，这既可以提升员工的综合素质和专业能力，还能让员工获得归属感，从而愿意长期为企业效力。

那么，应该给员工提供哪些培训和学习的机会呢？具体见图25：

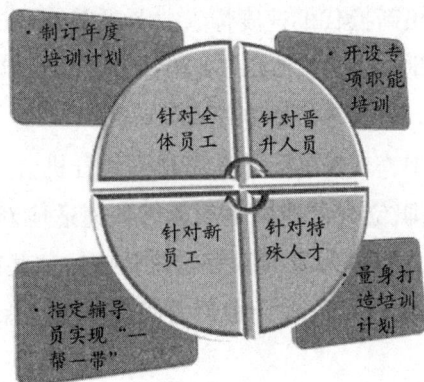

图25　企业为员工提供的培训形式

1. 针对新员工，指定辅导员实现"一帮一带"

在企业内部培训中，"一帮一带"式培训是一种十分有效的培训模式。所谓"一帮一带"，一般指的是老员工带新员工、帮新员工更好地适应企业环境，融入新的团队。比如，公司招了新员工，相关部门主管会指定一个老员工作为他的辅导员，带着他一起适应新岗位，为他解答工作中遇到的难题，帮他快速步入工作的正轨。

2. 针对全体员工，制订年度培训计划

宝洁公司前董事长 Richard Dupree 曾说过："如果把宝洁公司的人才带走，把宝洁公司的资金、厂房以及品牌留下，那么宝洁公司会垮掉；相反，如果把宝洁公司的人才留下，把宝洁公司的资金、厂房以及品牌拿走，十年之内，宝洁公司将会复兴。"

Richard Dupree 之所以敢说出这番话，与宝洁公司重视人才培训是分不开的。据说宝洁公司有完善的人才培训制度，公司每年都会组织员工再学习，这样做一方面是培训员工的专业技能，提高员工的工作水平；另一方面是为了增强员工对企业的归属感，达到留住人才的目的。

每年宝洁公司都会拿出一笔巨款用于人才培训。培训的方式多种多样，比如，请专家名师来企业授课，或接受保洁的管理者一对一的指导，甚至会组织优秀的人才去海外进修。这些举措很大程度上增强了公司的凝聚力。

信息时代，产品更新换代的速度惊人，要求知识、技术不断升级，才能跟上时代的步伐。因此，公司应该每年定期为员工组织培训。

3. 针对晋升人员，开设专项职能培训

在企业发展过程中，优秀的人才应该得到晋升机会。当他们从原来的职位晋升到更高级别的职位时，他们是否能够快速适应新职位呢？他们虽然有胜任该职位的潜质，但实际上能否完全胜任呢？这些都是应考虑的问题。因此，公司应该针对晋升人员进行相关的职能培训，保证他们快速适应新职位。

在麦当劳，有超过 75% 的餐厅经理、50% 以上的中高级主管以及 30% 以上的加盟经营者，都是从计时员开始培训的。他们从最底层的职位开始，一步步成长为公司的中坚人才。伴随着每一次职位的晋升，他们都要接受一次职能培训。还有通用电气公司，仅仅在杰克·韦尔奇担任 CEO 的 20 年内，他就培训过中高级管理人员 2.7 万人。通过培训，他们为通用公司的发展做出了巨大的贡献。

4. 针对特殊人才，量身打造培训计划

每个企业都可能有一些特殊人才，他们或能力出众，但某些方面又有所欠缺，或已经展露出优秀的潜质，但还未成熟，暂时难当大任。对待这些特殊人才，企业不妨学习李嘉诚，为其量身打造培训计划，以便将来他们能更好地为企业效力。

1983 年，周年茂出任长江实业（集团）有限公司董事，是李嘉诚的左膀右臂，是长实集团的功勋元老。周年茂在学生时代，就显露出过人的才华，于是李嘉诚将他作为长实集团未来的专业人才进行培养，花血本将其送到国

外进修法律专业。1981 年，周年茂回到香港，进入长实集团，被李嘉诚指定为公司的发言人。两年后，他被选为长实集团的董事。

在企业发展过程中，遇到了优秀人才时，企业能够把握机会，将其招募到自己的门下十分重要。假如当初李嘉诚不投入培训成本，将周年茂招募到自己的门下，也许长实集团就没有周年茂这个人了。可见，对待优秀人才不仅要有留为己用的魄力，更应有舍得投资的眼力。正所谓："没有梧桐树，引不来金凤凰。"只有舍得投资人才，人才才会给你丰厚的回报。

阅读理解：

（1）针对新员工，指定辅导员实现"一帮一带"有什么好处？

（2）为什么要针对晋升人员开设专项职能培训？这样做的必要性是什么？

4. 竞争激励：设置对手，激发员工好胜心

人都有好胜的天性。管理者如果能巧妙地利用员工的这种天性，给员工设置对手，把员工引到良性竞争中来，就可以轻松激发出员工的干劲，从而提高执行力。

美国著名的企业家查尔斯·施瓦斯曾管理过一个炼钢公司，该公司的一个分公司执行力十分低下，完不成公司规定的生产任务是家常便饭。分公司经理把能想到的办法都试过了，但都没能提高员工的工作效率。在这种情况下，查尔斯只好亲自出马。

一天，查尔斯来到这家分公司。当时正赶上白班工人下班、夜间工人接班，查尔斯问一位正要下班的白班工人："今天你们炼了几炉钢？"

"5炉。"工人答道。

查尔斯拿起笔，转身就在车间的布告栏上写了一个大大的"5"，然后就离开了。

夜班工人上班时，看见布告栏上的"5"字，感到很奇怪，问了门卫之后，才知道这个"5"是查尔斯写的。

次日早上，当白班工人来接班时，看见布告栏上有个"6"字，知道夜班工人晚上炼了6炉钢，心里很不服气，结果大家劲往一处使，到了晚上交班时，他们炼了8炉钢，于是在黑板上写了个"8"。

就这样，白班工人与夜班工人暗自较劲，不断刷新了他们的日生产量，其中最高一天的日产量高达16炉，这是过去日产量的3倍多。在这种良性竞争的氛围下，这家产量落后的分公司很快超过了其他的分公司，业绩上升到所有分公司的前茅。

每个人都有一定的惰性，没有竞争对手的时候，员工往往会自我感觉良好，他们不会自我加压、不会给自己提更高的要求，执行力也就慢慢降下

来。聪明的管理者若能给员工设置对手，引导员工进入竞争模式，使他们意识到不进则退，让他们产生危机感，他们才会奔跑起来，积极赶超对手。

具体来说，运用竞争激励的策略有以下几种（图26）：

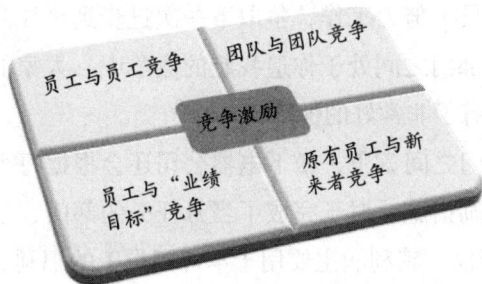

图26　竞争激励的四种策略

1. 激发员工个体之间展开竞争

有位公司老板特别善于激发员工之间展开竞争。有一次，他对 A 员工说："论聪明你和 B 不相上下，可能你比他还强一点，但我给你安排的任务，你为什么不能做得像他那么快呢？"之后，他又把 B 员工叫进来，说："你做事很有速度，但缺少了一些细致的精神，你为什么不能像 A 那样细心呢？"

他为什么把两位员工拿来做比较呢？难道他不怕员工之间互相嫉妒吗？对于这个疑问，他的解释是：员工不会相互嫉妒，他们最多互不服气，既然不服气，那就要证明自己比对方强啊，这样他们就会更努力了。

其实，这就是在给员工设置竞争对手。当然，对于自信心不足、心理敏感的员工，要慎用这一招，因为他们会因你的激励而胡思乱想，认为公司不认可他们，这样很可能打击他们的积极性，反而起不到激励的作用。

2. 激发公司内部各团队之间竞争

如果公司规模大、部门多，那么你就可以想办法激发部门之间展开竞争。在这方面，日本松下公司就做得很好。

松下电器公司每个季度都会召开一次讨论会，各部门的经理都要参加这次会议，大家可以清晰地了解到其他各部门的工作成果。开会之前，公司领导会按照各部门完成任务的情况，由高到低划分四个等级，分别是 A、B、C、D 四级。你的部门处于哪个等级，一目了然。这会极大地激发部门经理的好胜心，毕竟谁都不愿意看到自己的部门排在末位。

当某部门经理发现自己部门的工作成果排位靠后时，回去之后，他一定会想办法动员部门员工努力工作，争取下一次进步到更往前的等级，这样一来，松下公司的各部门之间处于你追我赶的竞争中，大家的工作效率不断提高，企业的效益也有了非常好的保障。

为了激励各部门之间竞争，松下电器公司还会根据每个月的工作评比成果，设置相应的奖励措施。对于完成了当月任务的部门，公司会让该部门享有 40% 的利润支配权，其利润主要用于本部门员工的福利、更换或扩充设备等。因此，各部门完成的任务越多，利润就越多，能够自行支配的利润也就越多。在这种制度之下，各部门之间奋勇争先，拼命工作。

人都有不服输的心理，作为部门经理，谁都不想自己领导的部门输给别的部门。这样一来，部门经理就会积极带领各自的团队去努力工作。

3. 引进"鲶鱼"，让员工与外来者竞争

运用竞争激励法激励员工，管理者还可以通过引进"鲶鱼"，给团队注入新的活力，让员工与外来者展开竞争。这就是心理学上有名的"鲶鱼效应"，它讲的是渔民为了让打捞的沙丁鱼被活着带回海岸，便在鱼舱里放入一些鲶鱼。由于鲶鱼是沙丁鱼的天敌，沙丁鱼不得不游动起来以逃避被吃，这样就避免了缺氧造成的死亡。

企业里的有些员工就像沙丁鱼，不思进取，懒散松懈。因此，适当的时候引进"鲶鱼"很有必要。日本本田公司在引进"鲶鱼"方面就做得十分出色。

有一段时间本田先生发现公司的不少员工缺乏进取心和敬业精神，于是他决定找一条"鲶鱼"来，打破销售团队沉闷的气氛。经过一段时间的选择，他看上了年仅 35 岁的武太郎，此人营销经验丰富，学识渊博，充满激情，于是本田先生聘请他担任公司的销售部经理。他的到来犹如一股清新的空气，让整个团队顿时变得兴奋起来。在他的带领下，本田公司的销售业绩直线上升，公司在欧美市场的知名度也不断提高。

当团队中出现懈怠风气时，及时引进"鲶鱼"型人才，尤其是"鲶鱼"型管理者，就很容易让这个团队保持激情和活力。这样企业发展才有保障。

4. 采用末位淘汰制，让员工与"业绩目标"竞争

杰克·韦尔奇在担任通用公司首席执行官的时候，把全体员工分成三类：优秀的人才占 20%，中间业绩良好的占 70%，业绩糟糕、表现不好的占 10%。通用公司采取的办法是每年末位淘汰 10% 的员工，即业绩排在后面、表现糟糕的 10% 的员工，将会被淘汰出局，这极大地激发了员工的危机意识。

阅读思考：

（1）为什么说竞争激励成本较小，收效却很大？

（2）怎样的"鲶鱼"才能带给企业员工危机感？促使员工保持活力？

5. 创新激励：给创新者最有诚意的回报

创新是企业持续发展的原动力。当企业大力倡导员工创新，并从员工的创新中受益时，也应该对卓有成效的创新型员工予以奖励，给他们最有诚意的回报，让他们看到企业对创新的重视。这样才能强化员工的创新积极性，激发出员工的创新动力。在这方面，苏宁电器为我们做出了榜样。

2015 年 8 月 26 日，在"苏宁之夏"大型文艺晚会上，苏宁电器集团董事长张近东兑现了一年前在"苏宁之夏"上许下的诺言，分别奖励日本 Laox 和苏宁易购云店项目组一辆特斯拉。

张近东说："去年苏宁之夏时，我说要设立'互联网创新奖'，1000 万元不够，还可以再加，上不封顶。很多人不信，去年年底我们奖励了一批，大家信了！今年年初，我说每个季度要送一辆特斯拉，还是有人将信将疑，今晚我就要送两辆出去，送给创新的勇士们！"

在颁奖致辞中，张近东说："乐购仕项目是中国企业做到了日本免税行业第一；云店项目是中国首个互联网门店。你们正在创造历史，不仅是创造苏宁的历史，更是创造中国的历史。你们做的是前无古人的事情，创新是勇敢者的梦想，而苏宁将成为所有创新者的梦想平台。"

为了让苏宁员工更好地融入企业中来，苏宁在 2015 年的每个季度，都会评选出一批优秀员工和团队给予重奖。其中设一名特等奖，奖励一辆特斯拉汽车。面对互联网时代用户海量的个性化需求和快速迭代的竞争环境，张近东提出"全员创新，自主创新，迭代创新"，鼓励每一位苏宁员工争当创业、创新、创造价值的"三创苏宁人"。

创新带给企业的回报是不可限量的。企业要做大做强，就必须重视创新，通过全员创新、自主创新、迭代创新，为企业注入强劲的生命力。对于员工的创新行为，企业应制定有诚意的奖励措施，让员工从创新中获得回报、尝到甜头，从而迸发出更强的创新力。

在创新奖励制度中，企业应该设置多种创新奖项，让不同部门、不同岗位的员工都有机会获得创新奖励。下面几种创新奖项值得企业设立（图27）：

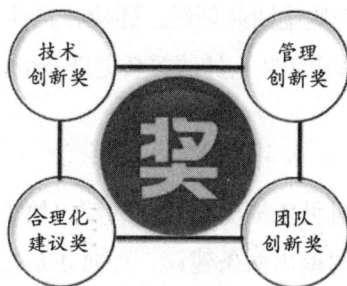

图27 常见的四种创新奖项

1. 技术创新奖

技术创新奖是针对公司技术人员、研发人员设置的奖项，只要员工在公司生产工艺、产品研发和生产技术等方面做出创新，并经生产验证能显著降低成本、减轻劳动强度、提高工作效率、增加企业经济效益的，就应该给予奖励。

（1）针对技术创新奖的获奖资格，应明确具体的审核标准。

（2）由于获奖面较窄，相应奖金的额度应该较高，即重奖技术创新者。

（3）持续关注并支持员工的技术创新，要向创新要结果，而不只是发了奖就完事。

2. 管理创新奖

凡是在管理上提出了新的管理概念，采取了重大创新措施，经实践证明优化了办事流程、提高了管理效益，公司就应给予创新者相应的奖励。

（1）针对管理创新奖的获奖资格，应明确具体的审核标准。

（2）由于获奖面较窄，相应奖金的额度应该较高，即重奖管理创新者。

3. 团队创新奖

很多创新项目单靠一个人是无法做出成果的，它需要一个团队的合作。

因此，企业应针对团队创新项目设置奖项，这不仅能够奖励创新团队，还能提高大家的合作意识，营造合作共赢的企业氛围。

（1）团队创新奖以团队为单位设奖，奖金颁发给团队即可，具体分配方式由团队自己定。当然，若团队人员对分配方式不满，公司也可以出面进行分配。

（2）不仅要在金钱上奖励团队创新，还应在精神上奖励团队创新，比如，奖励团队旅游，这样能够让团队人员的关系更进一步，便于今后工作中更好地协作。

4. 合理化建议奖

合理化建议奖是针对员工提出合理化的建议给予的奖励。根据统计，美国员工平均每年只对公司提出两条建议，而日本员工平均每人每年对公司提出的建议数以百计，一个好的建议能为公司节省大笔资金，或大大提高企业的劳动生产效率，而他们所需要得到的只是相对很少的一点奖金和精神上的鼓励。通过设置合理化建议奖，还能营造员工爱厂如家的企业文化，提高企业的凝聚力，加强员工的主人翁意识。

在制定和实行合理化建议奖时，要注意以下事项：

（1）员工提出建议时，最好能提交书面材料和相关实施方案。

（2）奖金的额度应该较低，而获奖的面要较宽。即大多数人都能通过提建议获奖，但奖金不宜太多。

（3）如果建议重复，只奖励第一位提建议者。例如，很多员工都建议重奖创新者，但只有第一个提出该建议的员工有资格获奖。

（4）如果员工的建议被采纳了，并被运用到了企业发展中，给企业带来了价值回报，企业应根据价值回报额度，给员工一定比例的奖金，让员工明白：自己的合理化建议给企业带来的价值越大，自己的奖金就越多，从而激发他们提出更有价值的建议。

阅读思考：

（1）你认为除了给创新者奖金，还应给他们什么奖励？

（2）针对员工的建议，应该如何筛选出有价值的，又该如何设奖？

6. 即时激励：绝不把褒奖留到第二天

俗话说："哀莫大于心死。"很多公司在激励员工、奖励员工时，拖泥带水，一点都不爽快，或者给员工许诺一个较长的期限，如，在公司的年底总结会上，再来肯定员工的成绩，在一个月后才给员工奖励，这样就会让员工在等待中耗尽了对公司的信任。这会带来什么后果呢？会直接导致企业公信力下降，员工会觉得没劲，觉得公司没有足够的诚意。

心理学研究发现，当一个人做出成绩时，那一瞬间最渴望得到奖励和表扬。随着时间的推移，越往后他对奖励和表扬的渴望就越低。所以，如果你想让奖励对员工产生最大的激励效果，请在员工做出成绩的第一时间给予奖励。

福克斯波罗公司是德国名企，它的总经理有一次遇到了一个非常棘手的问题，他苦思冥想了很久，也没找到解决问题的办法。这天他在办公室里继续思考，有名员工敲门进来，把自己的一些建议和想法告诉了总经理。总经理一下子受到了启发，很快就想出办法，把问题解决了。

总经理当时非常兴奋，他觉得有必要奖励一下员工，以激励员工，同时表达自己的感激之情。但是奖励什么呢？突然，他看到办公桌上有根香蕉，就拿起香蕉，递给员工，充满感激地说："太感谢你了，你是好样的，你的建议帮公司解决了难题，这是奖励给你的。"

员工接过香蕉，激动地说："谢谢总经理，请您放心，我会在工作中继续努力的。"

后来，总经理从这次奖励香蕉事件中获得启发，在公司设立了"金香蕉奖章"，这是福克斯波罗公司的最高奖项。这个"金香蕉奖章"是照香蕉的样子用纯金打造的，专门用来奖励那些对公司做出重大贡献的员工。

这个故事带给我们的启示有很多，最重要的一点是告诉我们：奖励要及时，要快一点，再快一点，绝不把奖励拖到第二天、第三天甚至一个星期之后。福克斯波罗公司的总经理用实际行动告诉我们：奖励要讲究时效，及时奖给员工的哪怕是一根香蕉，也能产生良好的激励效果。

看过海豚表演或猴子表演，想必很多人都发现一个现象：每当海豚、猴子表演完一个动作，训豚员、训猴员都会给海豚、猴子一些吃的。吃完之后，海豚、猴子再继续按照指令表演。如果动物没有吃的，它们是不愿意表演的。从动物身上，我们可以看到奖励及时性的意义。事实上，在企业经营和管理中，激励员工也需要注重时效性，即时性的奖励能让员工尝到甜头，最能打动员工的心，这就是即时激励的意义。

所谓即时激励指的是管理者在员工做出贡献时，及时地给予肯定和赞扬。这要求管理者有敏锐的洞察力，善于发现员工所做的每一件正确的事，并及时清楚地表达认可和赞扬。当你不断地给员工送上最及时的激励后，你会发现，员工会以高效的工作状态朝着最正确的方向前进，创造出更多惊喜。

在运用即时奖励法时，可以参考以下建议：

1. 即时奖励不局限于物质奖励，还包括精神奖励

即时激励不局限于金钱奖励或其他物质奖励，有时候几句赞美和肯定，也能让员工欢欣鼓舞。比如，有个绩效非常高的团队成员回忆说："在过去10年中，我们6人团队每天都充满干劲地工作。这是因为在每天工作结束时，在我们下班之前，领导无论多忙，都会来到我们团队，走到我们每个人的桌前，非常诚恳地表扬我们今天的优异表现。"

这种情况在中国企业并不多见，如果一个管理者能在10年间，坚持每天都去激励团队，肯定团队的表现，给他们及时的激励，那么这个团队将会迸发出强大的执行力，而且公司能够轻松地留住人才，让人才忠心耿耿地效力于企业。

2. 即时奖励要求奖励快速，但这种快速不是绝对的

美国克莱斯勒汽车公司总裁艾柯卡认为，即时奖励员工不等于一味求快，也不是非要等到员工干出成绩才奖励，而是说在员工最需要的时候奖励他。比如，员工的工作进展非常顺利，成功就在眼前，这时突然遇到了一

点困难"卡壳"了，这个时候员工最需要激励，如果管理者即时奖励员工，可以激励员工一鼓作气完成工作。

"打工皇帝"唐骏也有类似的观点，他认为即时奖励不等于一味求快，而是说这种快要超出员工的期望。举个很简单的例子，员工以为奖金要到年底发，但公司却在这个月末发了，这对员工来说也是一种即时奖励，也能极大地鼓舞团队的士气。

阅读思考：

（1）即时奖励到底有怎样的魔力？为什么推后一两天奖励，就达不到即时奖励的效果呢？

（2）即时奖励是越快越好吗？在奖励的时间上，有什么要注意的吗？

Chapter 1

第十章
合理考核，管理要以结果论成败

企业是以追求效益为终极目标的组织，效益来自于全体员工的业绩。员工干得好不好，要用业绩来评判。因此，合理的考核是评估员工价值必不可少的手段。而根据员工的业绩来设置薪酬标准是刺激员工积极进取的有效策略。当企业重视员工工作的结果时，员工才会给企业满意的结果。

1. 人人谈苦劳，公司成"苦牢"

在企业中，经常听到这样一句话："没有功劳，也有苦劳！"有时候是管理者说的，用来安慰下属；有时候是下属说的，用来自我安慰，自我开脱。久而久之，大家形成了一种"有苦劳"的习惯性思维，把工作态度作为员工绩效考核的重要标准。工作努力的人，哪怕是假装努力，即使没有功劳，也有苦劳，也应该得到嘉奖。

工作努力当然是好事，我们姑且假设大家都是真的努力，没有人假装努力。但如果努力没有换来满意的结果，没有给企业创造价值，带来效益，这样的努力又有什么意义？人人谈苦劳，公司就无法经营下去，最后公司将会变成"苦牢"。

1993 年，IT 界的巨头企业 IBM 经历了前所未有的亏损状态。危难之际，路易斯·郭士纳走马上任。上任之后，他干的第一件事就是裁员，他一次性裁掉了 3.5 万名员工，半年内裁掉了 4.5 万名员工。裁员完成以后，他对留下来的员工说了这样一番话：

"有些人总是抱怨，自己为公司工作了很多年，没有功劳也有苦劳，但薪水却还是那么少，职位升迁得也太慢。只是，那些抱怨的人啊，你想要多拿薪水，你想要升迁得快，你就应该多拿出点成绩给我看看，你就得给我创造出更多的效益。现在，甚至你是否能够继续留任，都要看你的表现！业绩是你唯一的证明！"

在这次裁员中，那些不能为公司创造利润的员工被清理出去，这不但大幅度缩减了公司的用人成本，还用实际行动告诉留下来的员工：市场是残酷的，那些"苦劳"员工满足不了公司发展的需要。要想获得更多的薪水，必须用实际行动创造出业绩。这极大地激发了员工的危机感，使 IBM 重新焕发了活力。结果，仅过一年，IBM 就获得了自 90 年代以来的最大一次赢利——

30亿美元。

在激烈的市场竞争中，企业只有持续创造价值才能生存下去。你总不能对顾客说："虽然我们公司的产品质量不够好，但我们的员工都非常努力，没有功劳也有苦劳，看在我们很努力的分儿上，你就买了我们的产品吧！"然后，顾客就应该将就着买下你的产品。

经营企业就好比带兵打仗。一场战役下来，真正胜利的是打败了敌人并且活下来的人，而不是战死沙场，然后被授予烈士称号的人。真正的军人都知道，打仗的目的不是让自己成为受人尊敬的烈士，而是让敌人成为烈士。经营企业也是如此，目的是研发出更好的产品，做好产品的销售，在市场竞争中一举战胜对手，获得更多的市场份额和利润。

俗话说：商场如战场。评价企业成败的标准就是看谁获得了胜利，谁的企业活得更久，赚的利润更多，而不是谁更努力，谁更辛苦。尽管努力是达成目标必不可少的因素，但绝对不是评价成败的根本因素。

作为领导者，一定要让员工知道，只有拿出了业绩，为企业创造了价值，企业才能生存，大家才能从企业的发展中分享利润。企业只有以功劳为标准来评价员工的表现，员工才能够建立一个高贡献、高绩效、高报酬的有效组织。这样的企业才能为员工提供一个稳定的、持续的、高价值回报的工作环境。

那么，哪些员工是对企业有功劳的呢？见图28：

图28　对企业有功劳的三类员工

1. 为公司创造了利润的员工

企业追求的是利润，如果员工积极工作，努力提升自己的工作绩效，为公司创造了利润，那么自然是有功劳的。作为企业管理者，不能仅仅满足于员工"物有所值"，而要想方设法让员工"物超所值"。什么叫"物超所值"？那就是员工为企业创造的价值，超过公司付给他的薪水。在这方面有个事例：

日本经营之神松下幸之助曾问公司的一名员工："如果公司付给你1000元钱的工资，你应该做多少事情才对？"

员工说："你给我1000元，我就给你做1000元的事。"

松下幸之助说："如果真是这样的话，那么公司是要开除你的，因为公司给你1000元钱，你就做1000元的事，公司一分钱利润都没有，这就是在赔钱，所以公司不会要你的，你自然一分薪水也领不到了。"

所以，管理者经常要算一算，员工到底给公司创造了多少价值，再比较一下他所创造的价值与公司支付给他的薪水，看看员工是否物超所值。物超所值的员工才是有功劳的员工，才会得到企业重用。

2. 为公司节省了成本的员工

企业的利润是从成本与收益中得来的，在收益不变的情况下，成本越低，企业的利润就越高。因此，从这个角度来说，节省成本就是在创造利润。懂得为企业节省成本的员工，自然也是创造了利润的员工，这样的员工功劳大大的。

海尔公司有个女孩名叫戴弋，她只是空调事业部的一名质检员。虽然工作平凡，但是她却用实际行动创造了不平凡，为公司节省了不少成本。

检验空调时需要用水，由于空调的冷凝器上有油脂，每次检验完之后，水就变得混浊不堪，一天要更换很多次水，用水量惊人。对于这一司空见惯的现象，很多员工已经习以为常，但细心的戴弋善于思考，并发现一个可以节约用水的办法：根据空调机的机型大小不同，调整检验用水的高度，这样就可以节约很多水。经过多次实验，这个方法果然奏效，她的合理化建议被公司采纳了。后来，戴弋又连续提出了4项合理化建议。

为公司创造效益，并不一定要做多么惊天动地的事情，有时候一个不起眼的细节，就能帮公司节省成本。当成本降低时，公司的效益自然就上升了。因此，管理者应鼓励员工平时多开动脑筋思考，大胆地提一些节约成本的建议，从而为提高公司的效益作贡献。

3. 消除危机，帮公司避免了损失的员工

还有一种员工，他们是脚踏实地的实干者，是"救火大师"。当公司出现问题或危机时，他们能挺身而出，解决问题、消除危机。这样的员工也是有功之臣。比如，企业安全事故、企业产品质量被曝光等，如果有善于处理危机的员工站出来，那么对企业来说无疑是最好的保护。一个著名企业的管理者说："在当今时代，如果一个职员没有处理危机的能力，很难想象他能够担当起重要的职务。"如果企业里有善于解决问题、处理危机的员工，一定要重用他们。

阅读思考：

（1）为什么说"人人谈苦劳，公司成苦牢"？你是怎样理解这句话的？

（2）哪些员工对企业是有功劳的？他们有什么特点？

2. 干好干坏都一样，谁还会卖力

在不少企业里，员工干多干少都一样，或者说没有明显的差别。这种"平均主义"的管理模式，让优秀员工的积极性大大受挫。结果，优秀员工跳槽离开，平庸之辈却留了下来混日子，每个月坐享企业给他的工资。

北京新东方教育科技（集团）有限公司曾经就陷入了这种可怕的管理模式。新东方董事长俞敏洪曾说："新东方有一段时间，人才流失比较严重，有些人才拿到很高的工资依然要走，原因不是他对工资不满意，而是他认为身边那个无能的人能跟他拿的钱差不多，他另谋职业后可能只能拿到他在新东方这么多的薪水，但是至少不会觉得受气。"

后来，俞敏洪调整了考核机制，把考核收益差距拉大，把优秀的老师变成合伙人，一举打破了"平均主义"的囚笼，为新东方发展迎来了生机和活力。

回想起新东方那段时间的发展，俞敏洪说："企业文化和习惯养成后，还需要良好的考核机制来固化。所有优秀人才，一定是在科学、公平的考核机制下才能留下。"

管理界有句流传很广的话："员工不会做你想要的事情，只会做你考核的事情。"当管理者困惑于为什么员工执行力低下、工作积极性不高时，管理者最需要反思的就是：公司的考核机制是否健全。合理的考核机制才能避免企业陷入"平均主义"，才能给员工制造压力，促使员工提高自我要求，积极创造业绩。

1. 设立多层次提成比例，拉开绩效提成，最大限度地激励员工

为了更好地激励大家提高绩效，建议公司在绩效提成的比例上，应设置多层级别。以销售业绩为例，对于完成年度销售定额的，提成5%（具体提成多少，企业自定，此处只是举例）；对于超过年度销售定额20%的部分，

提成 10%，同时提成享有之前完成年度销售额所得到的 5% 的提成。

假如某公司给销售员定的年度销售额为 50 万元，那么，一个完成该销售目标的员工，可以得到 2.5 万元的提成；而一个业绩超过年度销售定额 20%（60 万元）的员工，超额完成的 10 万元销售额，可以获得 10% 的提成，即 1 万元。再加上完成 50 万元的销售额所获得的销售提成 2.5 万元，共计 3.5 万元。

如果可以，企业还可以设置第三级别的提成。例如，业绩超过年度销售定额 40% 的员工，超过的部分再次获得 10% 的提成。这样就可以将员工业绩差别造成的提成数额拉大，使业绩优秀的员工获得更多的奖励，使业绩落后的员工感受到压力。这样大家才会你追我赶，争取多拿奖金和提成，企业效益才会有保障。

2. 对待有贡献的员工，企业一定要舍得奖励他们

企业与员工虽然是雇用与被雇用关系，但本质上是合作关系，既然是合作，就要互惠互利，这样的合作才能长久。因此，当员工对企业有突出贡献时，企业也应该重奖自己的"合伙人"，这样才能激发出他们更多的潜能和干劲。

我见过不少目光短浅的企业家，对那些给公司做出突出贡献的员工，他们却十分吝啬奖励，不舍得重奖员工，结果寒了员工的心。一有机会，那些有才能的员工就会跳槽，去那些待遇丰厚、奖励合理的公司。导致企业优秀人才流失，这才是致命的损失。

作为一个明智的管理者，千万不能吝啬一些奖励。要知道，今天你因员工业绩突出给他们丰厚的奖励，明天他们会表现得更加出色，为企业创造更多的利润，以回报企业的赏识。所以说，舍得花血本奖励员工十分重要，这样可以激励员工创造更好的业绩。

奖励的方式多种多样，除了奖金之外，还可以给员工股份、期权，提高员工的福利待遇，或增加员工的年终奖，给员工分红等等。通过多样化的奖励，更能够体现企业重视人才和留人的诚意，从而激发员工的干劲。

3. 为了公司的长远发展，对"老黄牛"型员工狠一点

几乎每一家企业都有一些埋头苦干的"老黄牛"型员工，他们的特点是：

工作勤勤恳恳，有态度但是没有业绩，不求有功，但求无过，死心塌地，任劳任怨。每每想到这些员工，企业老板和管理者都会觉得心里很安慰。

然而，这些员工有一个最大的毛病，那就是不重视工作效率，不注重业绩的提升。对于这类员工，管理者该狠心时还得狠心一点。只要发现他们无法胜任工作，那就有必要考虑辞退，然后招聘能够胜任的人来代替。这样才能为企业注入新鲜血液，保证相应的工作得以圆满执行。

阅读思考：

（1）员工对企业不满，有时候不是因为企业给他的待遇低，而是因为那些业绩一般、工作不努力的人也能拿到和他们一样的薪水，这究竟是为什么呢？试着从心理学上去分析。

（2）为什么把考核收益的差距拉大，可以更好地刺激员工努力工作，提升业绩？

3. 树立结果意识，执行才能到位

20 世纪 80 年代中期，管理大师德鲁克出版了一本名为《成果管理》的著作，英文原名为 *Managing for Results*，意思是"为了获得结果而管理"。他在书中重点阐述了一个问题：集中全力追求经济绩效，从而确定了管理的本质：集中全部资源和精力，全力以赴地为了经济成果而努力。

以结果为导向，全力以赴追求经济成果，这在华为集团也有经典体现。在华为的一次会议上，任正非直截了当地对中层干部说："不打粮食的干部统统要下台！"他要求所有中层干部都要签订个人绩效承诺书，即"军令状"，承诺内容根据目标的高低分为三个级别，分别是持平、达标、挑战。当一个财政年度结束后，公司会根据各个干部的实际工作成果进行评估。这个评估结果会直接影响对各位干部的任用。

1999 年年初，卡洛斯·戈恩出任日产公司首席运营官。当时，日产公司所面临的管理问题主要是墨守成规，不能像其他汽车生产商那样积极变革。

戈恩还发现，尽管大多数员工认为公司出了问题，但他们认为自己所在的部门是好的。大多数员工没有感受到公司可能面临破产的危机。因为按照日本商业的传统，像日产这样的大企业会得到政府的特殊照顾，员工可以享受终身雇用。

另外，日产公司内部有很多不合理的规矩，严重制约着企业的发展。这不仅会造成执行效率低下，还会导致内部沟通出现问题。基层员工不清楚上层决策的意图，上层也不清楚中下层的执行情况。

戈恩意识到必须采取措施改变这一切。他和团队提出了日产公司重组计划的三大目标：一是 2000 年转亏为盈；二是 2001 年债务减半；三是 2002 年使营运利润在净营业额中所占比率达到 45%。

18 个月后，他设立的第一个目标实现了——连续亏损 7 年的日产实现了赢利。伴随着公司扭亏为盈，戈恩在 2000 年 6 月被提拔为日产公司总裁兼首席执行官。随后，他设立的第二个目标和第三个目标也如期达成。就此，戈恩在亚洲以及全球商界的知名度飙升。2001 年，美国《商业周刊》把他列为全球 25 位最佳经理人之一。

对于戈恩来说，如果目标没有达成，他就要出局。他知道，公司高薪聘用他，不是让他做事，而是让他做出结果。对于结果，哪怕有一万个困难，他都不能找借口为自己开脱。最后，他做到了，既成就了日产公司，也成就了自己。

判断一个管理行为或执行行为的标准，就是看它是否达到了公司的预期效果，或者取得了有效的结果。这就叫以结果为导向。结果，是企业的命根子，是企业存活的决定性条件。一个企业如果没有给客户以好的结果，客户就不会付钱，客户不付钱，企业就无法生存下去。

作为管理者，要处处考虑团队的工作和行为会给企业带来什么好结果，能为企业创造多大的价值。在做事的过程中要关注结果，要为了结果而管理。对结果负责，才是对工作价值的负责。同时，要求员工树立结果心态，要为了取得好的结果而全力以赴，结果才是行动的方向，才是努力的目标。

1. 不能满足于"做了"，而要致力于"做好"

提到董明珠，企业界无人不知，无人不晓。可是在 26 年前的 1991 年，她只是格力电器的一名普通业务员。那年公司派她去安徽合肥追债——当地的一家经销商拖欠格力公司货款 42 万元，而且拖欠了很多年。在她之前，公司派了很多员工去追债，但都失败而归，面对这块难啃的骨头，董明珠抱着"必须做好"的决心去行动。

一开始，董明珠采取软磨硬泡的办法，到了上班时间就去经销商的办公室里坐着，跟他讲道理。客户的态度很好，但总是说没钱。董明珠意识到这样下去不行，就改变了策略。后来，董明珠指着经销商怒斥："42 万元，对于我们格力电器来说不是小数目！你知道我们厂里有多少工人在等着这笔钱养家糊口吗？"

在董明珠的厉声逼问下，经销商认怂了，把 42 万元货款全部给她了。当格力电器厂长朱洪江得知董明珠追债成功时，无不感叹道："人才啊，董明珠是个人才！"不久，董明珠就被派往南京开拓市场。董明珠抓住了这次机会，很好地证明了自己的价值。就这样，凭借每一次都能干出超领导预期的结果，董明珠最终成为格力电器的董事长兼总监。

对于工作，不能仅满足于"做了"，而应该致力于"做好"。只是满足于做了，是不会做出好结果的。只有真正做好，才能完美复命。身为管理者，就应该像董明珠一样，接到任务后，不完成任务绝不罢休。

2. 坚定信心，积极创新思路以达成目标

以结果为导向，是强调坚定工作信心，不达目标誓不罢休。在这个过程中，可能会遇到困难，甚至屡次失败。对于这种情况，管理者应鼓励员工转换思路，变换策略去执行任务。

有位商人谈到卖黄豆时，说了这样一番话：如果黄豆好卖，直接卖黄豆就行。如果黄豆不好卖，有下面三种办法处理（图29）：

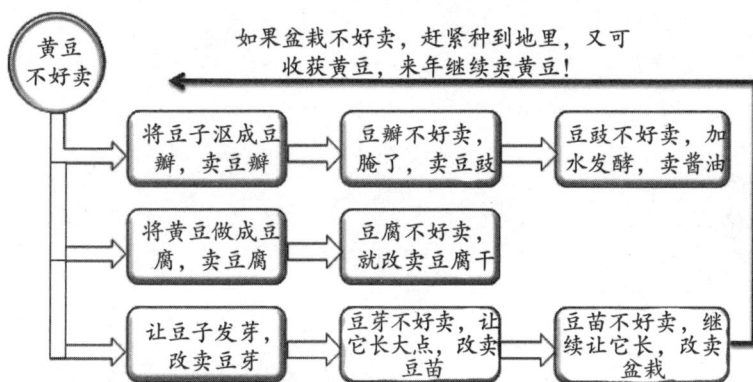

图29　黄豆不好卖的三种应对策略

看看这位商人解决问题的思路，多么灵活，多么善于变通。如果员工具备了这种工作思路，那么再难的工作，也会找到解决的办法。

3. 如果实在无法达成预期结果，不妨退而求其次

有位得道高僧吩咐徒弟下山挑水，弟子们下山之后，发现山下全是荆棘，无路可走。山泉奔泻而下，打水显然是不可能的。于是，徒弟们纷纷沮

丧地回来了。只有一个徒弟带回一些野果，他对师傅说："不能打水回来做饭，就吃野果将就一下吧，这样最起码不会饿肚子。"后来，这个徒弟成了高僧的衣钵传人。

这个故事告诉我们，当实在无法完成任务时，不妨退而求其次，完成一个相对接近的目标，这样总比没有结果好。以董明珠追债为例，如果她无法追回全部的 42 万元债务，追回 40 万元、30 万元也算是成功的，即便追回 20 万元、10 万元，甚至 5 万元、3 万元，也比空手回来好。

阅读思考：

（1）为什么结果意识那么重要？没有结果意识的人，其表现往往会怎样？

（2）从商人卖黄豆的几种策略转变中，你有什么启发？

4. 公平考核，给员工发张"成绩单"

日本"经营之神"松下幸之助曾经说过："不管有无制度，经营上总是要经常对人进行考核；如果缺少对业绩、能力的制度性考核，我们只能依赖一线监督者的意见做出人事安排，稍有疏忽，稍有不注意就会出现不平、不公，导致不满，损害士气和效率等。"因此，绩效考核是必须重视的问题。

然而，不少企业至今仍然存在不合理的考核现象，主要表现为：同一工作岗位的老前辈薪酬待遇普遍高于年轻人，而工作量却比年轻人少；同一岗位的员工，学历高的人获得的薪酬相对高于学历低的人，甚至高出很多。工资待遇论资历，而不是按业绩，公平原理失效了。这就会让优秀的员工感到不公平，感到不被认可，从而产生消极情绪，甚至用跳槽的方式做出强烈的回应。

美国学者亚当斯的公平理论认为，一个人在工作中取得报酬后，并不是仅仅关心自己所得报酬的绝对量，他还会通过相对于投入的报酬水平与相关人员的报酬来判断自己所得的报酬是否公平。由此可见，绩效考核一定要公平、客观、公正，要能够反映员工的价值贡献的差别。

在美国通用电气公司（GE），针对每个员工的绩效考核都是经常性、制度性的。每年年初公司包括总经理在内的每个人都要制订目标工作计划，确定工作任务。主管经理要对这个计划进行审批，并与员工协商后确定是否执行。

每隔三个月就会进行一次小结，由经理写出评语，对员工的下一步工作提出改进要求。到了年底进行一次总结考核，先由本人填写总结表，再按公司统一考核标准，衡量自己一年来工作完成的情况，拟出自己应得的考评等级。主管经理会审核员工提交的考评成绩，并结合员工表现情况确定其等级，最终写出评价报告。

如果主管经理评定某员工业绩为"杰出"，还要附上该员工的贡献和成果报告，并提出对他们的使用建议和使用方向。同样，对于等级差的员工，也要附上专门报告和使用建议。主管经理写给员工的评价报告，要经员工本人复阅签字，然后由上一级经理批准。

具体说来，企业在实行绩效考核时，要注意以下几个问题：

1. 任何时候，业绩都是考核的硬指标

任何时候，绩效考核的关键指标或者说硬指标都是业绩。没有业绩，一切都是空谈。

很多企业老板总是说"给我结果，我要的是结果"，可到了考核时，又以员工"工作态度不好"为由，给员工差评，这不是自相矛盾吗？

有个员工每个月都能保质保量甚至超额完成工作任务，原以为会在绩效考核中得到满意的成绩，可未曾想到，自己的绩效考核成绩却是个"差"。当他问老板原因时，老板说："你工作态度不够好，不够敬业。"

他十分不解，问："为什么这么说？我觉得把工作任务完成，已经是敬业的表现了！"

老板说："你看人家下班后，还在加班工作，而你只要到了下班时间，跑得比谁都快，单从这一点，就说明你工作态度有问题。"

看了这个案例，你会觉得可笑吗？既然是考核，业绩肯定是首当其冲的硬指标。至于工作态度，并不是说它不重要，但如果只有态度，却没有好的结果，好态度有何意义？既然员工业绩出色，管理者又何苦在工作态度上找碴儿呢？

2. 针对各个部门和岗位，设定最能反映在岗员工业绩的考核指标

绩效考核的指标不能只有一套，因为岗位的实际情况不同，考核时应结合各岗位的特点进行。所以，各个部门负责人都应参与到绩效考核指标的设计中来。比如，针对销售部门，绩效考核的指标应侧重于销售额、成交的客户数量、开发新客户的数量等；针对研发部门，绩效考核的指标应侧重于技术创新的数量、产品研发的周期、技术或产品创新带给企业的价值等；针对财务部门，绩效考核的指标应侧重于账目的准确度、清晰度、出错率等。这样的考核指标才能客观反映各岗位价值。

3. 绩效考核的指标要明确、细化、可量化

绩效考核关系到员工的薪酬，关系到公平问题，一定要有明确、可量化的考核指标。所谓可量化，就是标准不能宽泛、笼统，比如，很多企业采用"优"、"良"、"中"、"差"等四个级别对员工进行考核，这就比较抽象。明智的做法是，将各个指标进一步细化成可量化的分值。以达到"优"为例，业绩、出勤率、客户投诉率等等，都要纳入到考核范围。通过对这些指标进行考核，最后得出一个量化的数据，确保考核结果的客观性。

4. 重视沟通与监督，确保考核人员公平公正

无论多么合理的考核指标，都要靠人来实施。如果考核人员做不到公平、公正，在考核中掺杂了过多的个人感情色彩，甚至徇私舞弊，那么绩效考核也不能真实地反映员工的绩效。因此，企业高层必须重视绩效考核过程中的沟通与监督，从源头上把关绩效考核，保证考核出来的结果是公平、公正的。

在通用电气公司，如果某个部门的员工的绩效考核成绩全部为优秀，杰克·韦尔奇就会找这个部门的经理谈话。韦尔奇并不是不相信员工的能力，而是他怀疑考核体系出了问题。如果谈话的结果并非考核体系出了问题，那么这个经理将会受到警告甚至被辞退，因为这样的考核成绩往往说明经理在考核中弄虚作假了。

很多企业在实施绩效考核的过程中，上下级之间根本没有沟通。绩效考核完全是部门主管在唱独角戏。至于自己是怎样被评价的，评价的结果如何，员工甚至都不知道。这样的绩效考核完全是流于形式，是每个企业都应该避免的。

阅读思考：

（1）为什么说管理者抛开员工的业绩空谈其态度是可笑的？

（2）为什么要重视绩效考核中的沟通与监督？这样做有什么好处？

5. 多劳多得，业绩与薪资直接挂钩

经常听到员工这样抱怨："老板太不公平了，我在公司干了三年，没有功劳也有苦劳啊，为什么只给我这一点工资；凭什么有些人刚进公司，工资就比我高？"身为管理者，当你听到员工这样抱怨时，不妨叫他反省一下自己：他为公司创造了多少价值？为公司发展立下过多少功劳？

员工对企业的贡献，并不是与他们在企业工作的时间长短成正比的，也不是与他们的资历、经验、文凭等成正比的，而是与他们的价值贡献成正比的。如果员工业绩好，其工资就应该水涨船高。通过让业绩与薪酬直接挂钩，才能完美地体现"多劳多得"的分配原则。

能够让财富增值的人才是最有价值的。在公司里，如果员工能够通过做好本职工作，为公司尽可能地创造财富，那么一定会赢得老板的赏识，相应地，他的薪水也会水涨船高。反之，无法为公司创造价值的员工，终有一天会被公司扫地出门。

管理者一定要让员工明白：在如今这个"利润至上"的商业社会，公司要想生存就不得不最大化地追求效益。因此，千万不要认为只做一个听话的员工就够了，要想方设法为公司创造财富，这样才可能获得高薪。

美国惠普公司创始人比尔·休利特和戴夫·帕卡德强调：只有在员工为公司创造出丰厚利润的条件下，他们的奖金和工作才能得到保障。公司只有实现了赢利，才能把赢利拿出来与员工分享。要记住，员工的工资其实就是用业绩兑换的，业绩越好，相应的工资才会越高；业绩糟糕，工资也就屈指可数了。

身为企业管理者，一定要想办法激发出员工为个人业绩打拼、为工资打拼的积极性，为此，应该在薪酬制度和激励措施上有所作为。

1. 不要给员工设定平均化、固定化的工资

有些企业给员工的薪水为统一标准，大家每个月工资都一样。在这种情况下，你想让员工不混日子都难。有一个工厂多年以来，一直实行平均化的绩效考核。公司里的员工，按照部门的不同，薪酬略微有所差别，但同一部门的员工，薪酬是相同的。比如，生产线上的员工，工资一律相同，销售团队的所有员工薪酬都相同，大家干多干少都一样，销售业绩是多是少也相同，导致优秀的员工极大地失去了干劲，有些优秀的员工干脆辞职不干了。

采用无差别的薪酬分配方式，而不是根据员工的业绩定薪酬，这是极不公平的。身为企业管理者，一定要认识到员工价值的差异性，不同的员工在工作业绩、工作能力、工作态度等方面都是不同的，这些决定了他们应该得到不同的薪资。只有进行客观的绩效考核，设定合理的奖励机制，才能真正实现勤者多劳、能者多得的激励目标。

2. 提高绩效工资的提成比例，激励员工多劳多得

公司在设计薪酬体系时，有些企业不是按照多劳多得设置薪酬的，而是按照资历、文凭、经验等设置薪酬，不同资历、文凭、经验的员工，有相应的起薪标准或提成比例，这显然是不公平、不合理的。

真正合理的薪酬体系一定是按业绩来设置提成的，员工业绩好，拿到的提成就多，这才能体现出"多劳多得"的分配原则。因此，在设置薪酬时，有必要加大绩效工资的比例，减少基本工资的额度。这样才能制造危机感，促使员工努力工作。当然，基本工资也要能给员工以安全感，起码要能保障员工的生活开销。

阅读思考：

（1）为什么多劳多得才是公平的价值分配原则，平均主义不是公平的价值分配原则？

（2）为什么通过减少基本工资的额度，提高绩效工资的提成比例，能够更好地激发员工的积极性？

6. 绩效面谈，为下属指明努力方向

很多人以为，绩效考核结果出来了，绩效考核工作就结束了。殊不知，还漏掉了一项非常重要的工作，那就是绩效面谈。绩效面谈，指的是在绩效管理过程中，当绩效评估结果出来之后，管理者针对员工的绩效评估结果与员工进行面对面的交流和讨论，从而指导员工持续改进工作绩效的一项管理活动。

到位的绩效面谈不仅可以帮员工认清自己的绩效考核成绩是怎么得来的，还可以帮员工认清工作的优缺点，明确未来的努力方向，是推动员工进步的有效手段。在绩效面谈时，需要注意什么呢？我们可以通过一个案例来体会：

部门经理：拉塞尔，有时间吗？来我办公室一下，我们做个绩效面谈！（没有提前预约绩效面谈的时间，下属在没有准备的情况下去进行绩效面谈，将会影响面谈的效果。）

拉塞尔：现在就谈吗？要多长时间？（很显然，拉塞尔没有做好心理准备。）

经理：很快的，不会耽误你太多时间，我等下还要开会。（没搞清楚绩效面谈的意义，把绩效面谈当作一种形式。）

于是，拉塞尔来到部门经理办公室，不知所措地坐在经理那堆满文件的办公桌前。（乱糟糟的环境不利于绩效面谈的进行。）

经理：这个季度你的业绩总体来说还可以，但和其他同事相比，还有一些差距。作为你多年的上司，我还是很了解你的，所以我给你的综合考评成绩为 B 级，希望你再接再厉！你有什么想说的？（绩效考评成绩的确定没有数据和资料，主观性太强，很难让人信服。）

拉塞尔：不会吧，我认为自己这个季度的表现挺好的……

经理：是的，你的整体表现可圈可点，不过有两个重要任务你没有按时完成，完成的质量也不高。

拉塞尔：你给我布置任务时，从来不说完成时间，又何谈不按时完成？完成的质量不高又是从何说起？（经理布置任务时，没有说明完成时限，不利于考核任务完成的及时性。）

突然，经理的电话铃响了，经理挂断了电话。

经理：其实你的基本工资还是挺高的，你看马修斯，他的基本工资比你的低。（经理不正面回应下属的提问，而是转移话题。）

拉塞尔：马修斯来公司多久？我在公司都三年了，能比吗？（拉塞尔生气了，语气不太好。）

经理：好了，我们改天再聊吧，我要去开会了。

拉塞尔：可是……

经理收拾了桌上的文件，急匆匆地离开了办公室。

这是一次非常失败的绩效面谈，面谈中没有涉及实质性的内容，没有指出下属的优缺点和下一步改进的方向。下属只知道自己的绩效考核等级，却不知道为什么被评为这个等级，而且最后没有达成统一的意见。

通过这个失败的绩效面谈案例，我们总结出成功的绩效面谈需要注意的几点：

1. 提前预约时间，事先要做好准备

绩效面谈是很正式的工作，有必要提前预约时间，以便员工有足够的准备。当然，管理者也应该做足绩效面谈的准备，比如，准备员工的绩效考核成绩表、员工突出的事迹、员工不足的表现、对员工的提问等。

下属也要做好相关准备工作，比如，检查上一阶段工作完成情况，总结上一阶段工作成果并思考原因，思考哪些方面需要改进，为下一阶段设定一个绩效目标，针对绩效面谈做好心理准备和情绪准备等。

绩效面谈的准备工作还包括面谈场所和环境的选择，建议在轻松的环境中去面谈。比如，公司的休闲室，准备一些茶水，从闲话家常开始，慢慢进入绩效面谈的主题。谈话期间，管理者最好把手机调成振动或静音模式，以保证整个谈话不受干扰。

2. 尊重客观事实，避免主观论断

在绩效面谈中，很多管理者喜欢用一些主观论断来评价员工的绩效表现。比如，"我觉得"、"我认为"、"我猜想"等词频繁出现，有的甚至会夸大、歪曲事实。这种面谈方式很容易引发下属的抵触心理，人为地给面谈制造障碍。

怎样才能避免陷入主观论断之中呢？最好的办法是尊重客观事实，先拿出数据，说出具体的事例等，再对此做出评价，让评价始终建立在数据和事实之上。比如，"上个月我共计交给你 10 项工作，你完成了 8 项，还剩 2 项未完成，完成率 80%，这个成绩我还是较为满意的。对于两项未完成的工作，我想了解一下未完成的原因……"

3. 帮助员工分析业绩好或不好的原因

在绩效面谈中，管理者有必要放下自己的领导身份，以一个朋友的身份去和员工聊天。如果员工超额完成了目标，管理者可以让员工分享一下工作经验，总结做得好的原因；如果员工业绩不达标，管理者可以询问员工没做好的原因。如果员工避重就轻，不正面回答，管理者可以适当提示原因，比如，"×××是不是一个原因？"这样员工就无法避开他不想谈的原因。

在把大概的原因都说出来后，管理者可以问员工："你认为哪些是主要原因？"这个步骤非常重要，因为可以让员工认识到自己绩效表现好或不好的最关键因素，以便在下一阶段的工作中继续发扬或有意识地避免。

4. 和员工商量制订绩效改进方案

如果员工绩效没有达到预期，那么在绩效面谈中，管理者有必要和员工商量制订一套绩效改进方案。管理者可以先让员工思考如何改进，再进行适当的启发和引导，最终确定绩效改进方案。

5. 以肯定性的评语结束绩效面谈

在绩效面谈快要结束时，管理者应用正向的话语鼓励员工，比如，"我相信你可以……"或询问员工需要什么帮助，并告诉员工："你先按我们刚才制订的改进方案去行动，我们下个月看看效果。如果你感觉效果不好，我们及时沟通！"最后，管理者和员工应该填写一份绩效面谈表（表 4），以记录绩效面谈中涉及的内容，便于员工对照着自我检查。

表4　绩效面谈表

绩效面谈表						
面谈时间：＿＿＿年 ＿＿＿月 ＿＿＿日 ＿＿＿时 面谈内容：＿＿＿＿＿＿＿＿＿＿＿＿＿＿＿＿＿＿＿＿＿ (用简短的话总结绩效面谈的主要内容，也可另附页。)						
序号	取得的成绩	存在的不足	权重	分值	实际得分	备份
本季度得分：＿＿＿＿＿＿　　绩效等级：＿＿＿＿＿＿						
季度末绩效结果 确认签字	直接上司签字： 日期：＿＿＿＿＿＿＿＿			本人签字： 日期：＿＿＿＿＿＿＿＿		

阅读思考：

（1）为什么绩效面谈之前要跟员工预约时间，并做足准备工作?

（2）在绩效面谈结束时，填写绩效面谈表有什么作用?